ÇA FAIT PAS PARTIE D'LA JOB!

GUIDE D'ACTION CONTRE LE HARCÈLEMENT SEXUEL AU TRAVAIL

Groupe d'Aide et d'Information sur le Harcellement Sexuel
au Travail de la Région de Montréal inc.
4227 DE LORIMIER
MONTRÉAL, QUÉ.   H2H 2A9
TÉL.: (514) 526-0789

Le Groupe d'aide a également participé à la réalisation d'une vidéo de 30 minutes intitulée: *Ça fait pas partie d'la job!* Cette vidéo a été réalisée par Mireille Landry, Diane Dwyer et Yvonne Séguin. Il s'agit d'une production du Centre de ressources de la troisième avenue et du Vidéographe, qui en est le distributeur.

Les travailleuses du Groupe d'aide et d'information sur le harcèlement sexuel au travail de la région de Montréal sont les auteures de ce guide et plus particulièrement, Diane Dwyer, Monique Nada Aura, Line Parent et Christine Longpré, d'après une idée originale de Diane Dwyer, Lisa Novac et Yvonne Séguin. La révision finale de cet ouvrage a été faite par Debra Galarneau, Christine Longpré et Yvonne Séguin. La patience de Suzanne Roy mérite également d'être soulignée, en raison des nombreuses heures qu'elle a passées à dactylographier les textes, toujours avec le sourire.

L'équipe du Groupe d'aide et d'information tient à remercier toutes les femmes qui ont contribué au cours des huit dernières années, par leur implication de près ou de loin, à la publication de ce guide. Elle veut aussi rendre un hommage spécial à toutes les usagères qui, par leur courage et leur détermination, lui ont permis d'acquérir l'expertise nécessaire à l'élaboration des stratégies alternatives, et plus particulièrement, à Denise Bordeleau, Francine Desrochers, Sylvie Harvey, Line Nadeau, Fataneh Ebrahimi, Nicole Leduc, Sharon Lyness, Brigitte Mercier, Élisabeth Moorseck, Bonnie Robichaud, Yvonne Séguin et Sonia Turcotte.

Pour terminer, l'équipe du Groupe d'aide désire signaler que c'est grâce à l'appui financier du ministère de l'Éducation (la Direction générale de l'Éducation aux adultes), de la Conférence religieuse canadienne du Québec (le Comité des priorités dans les dons) et du ministère de la Justice du Québec, que la préparation et la rédaction de ce guide ont été rendues possibles.

Les travailleuses du Groupe d'aide et d'information

Les droits d'auteur provenant de la vente de ce guide seront versés dans un compte spécial et ces sommes seront entièrement affectées aux usagères du Groupe d'aide.

GROUPE D'AIDE ET D'INFORMATION
SUR LE HARCLÈMENT SEXUEL AU TRAVAIL

ÇA FAIT PAS
PARTIE
D'LA JOB!

guide d'action

la pleine lune

Les éditions de la pleine lune
C. P. 188
Succursale de Lorimier
Montréal (Québec)
H2H 2N6

Maquette de la couverture
Catherine Farish

Infographie
Productions Médium inc

Diffusion pour le Québec et le Canada
PROLOGUE
2975, rue Sartelon
Saint-Laurent (Québec)
Tél.: (514) 332-5860
(ext.) 1-800-361-5751

ISBN 2-89024-063-0
© Les éditions de la pleine lune et le Groupe d'aide et
d'information sur le harcèlement sexuel au travail de
la région de Montréal
Dépôt légal — Quatrième trimestre 1989
Bibliothèque nationale du Québec
Bibliothèque du Canada

AVANT-PROPOS

Le Groupe d'aide et d'information sur le harcèlement sexuel au travail existe depuis 1981. Au début, notre organisme s'appelait Comité d'action sur le harcèlement sexuel au travail. Devant l'ampleur du problème et devant la nécessité de développer une approche spécifique, nous avons formé un groupe autonome de femmes. Depuis 1984, notre organisme est incorporé et possède son numéro de charité.

Notre but a toujours été le même: briser l'isolement et le mur du silence qui entourent les femmes vivant ou ayant vécu des problèmes de harcèlement sexuel au travail. Nous offrons donc deux services principaux: celui des plaintes et celui de l'information et de la sensibilisation.

Par notre Service des plaintes, nous aidons directement les femmes qui vivent ou ont vécu des problèmes de harcèlement sexuel dans leur milieu de travail. Nous leur offrons un support moral et une aide technique, tout en visant à ce qu'elles puissent se reprendre en main. À la suite d'une première rencontre avec la plaignante, nous faisons une réunion de «brainstorming» qui nous permet d'évaluer le dossier et les pistes de solution. Chaque piste, chaque action, chaque suggestion est évaluée une à une. Après ce travail d'équipe très important, a lieu une nouvelle rencontre avec la plaignante, au cours de laquelle nous lui faisons part des suggestions et des solutions élaborées par notre équipe. C'est la plaignante qui choisit et décide des actions à entreprendre. Lorsqu'il s'agit de décisions importantes, nous lui suggérons toujours de s'accorder un délai de réflexion d'au moins vingt-quatre heures. Il va sans dire que nous continuons à fournir le support, l'accompagnement, les références etc. tant et aussi longtemps que la plaignante en éprouve le besoin. Nos services sont confidentiels et gratuits.

Par notre Service d'information et de sensibilisation, nous offrons des sessions de sensibilisation et d'information dans différents milieux tels que les maisons d'enseignement, les syndicats et les entreprises. Nous offrons également des sessions de formation aux intervenantes qui travaillent ou auront à travailler auprès de femmes qui subissent du harcèlement sexuel au travail. Par ailleurs, nous agissons comme consultantes auprès des syndicats et des entreprises qui veulent élaborer et adopter une politique sur le harcèlement sexuel dans leur milieu de travail. Ce service d'information et de sensibilisation a comme objectifs la prévention et la conscientisation. Contrairement à notre service des plaintes, nos services d'information ne sont pas gratuits.

Nous voulons, avant tout, rejoindre les femmes qui subissent ou ont subi du harcèlement sexuel au travail. Nous croyons que ce guide contient l'information de base nécessaire qui leur permettra d'analyser clairement leur situation et d'agir, si elles en éprouvent le besoin et si elles le désirent. Par ce livre, nous désirons également fournir un outil d'intervention aux femmes qui travaillent auprès d'autres femmes et à toutes celles qui veulent combattre et faire cesser le harcèlement sexuel au travail.

Ce document est donc un trait d'union entre vous et nous. Entre vous et vos amies. Entre vous et vos compagnes de travail. Nous espérons qu'il stimulera la SOLIDARITÉ entre travailleuses. Le silence sur ce problème social et l'isolement dans lequel il nous enferme n'ont plus leur raison d'être.

CHAPITRE 1

DÉFINITIONS ET CARACTÉRISTIQUES

Qu'est-ce que le harcèlement sexuel au travail? C'est tout d'abord un terme récent. Avant, le problème existait mais n'était pas identifié comme tel. C'était un sujet tabou et sans nom, un malaise qui était considéré comme un problème privé entre deux personnes. Dans les années soixante-dix, le courant féministe a donné un nom nouveau à ce très vieux problème: harcèlement sexuel au travail. Petit à petit, la société accepte la réalité du problème désigné par ce terme et ce faisant, admet sa dimension collective. Devant l'adoption populaire du terme, plusieurs instances, officielles ou non, ont publié leur définition du harcèlement sexuel au travail.

Le Conseil du patronat a une perception restreinte du problème. Il se démarque en cela de la plupart des groupements intéressés par la question:

Pour parler correctement de harcèlement sexuel en milieu de travail, on doit retrouver *en même temps* trois éléments: des avances répétées et insistantes; un refus explicite ou implicite de la personne visée; une situation de travail ne permettant pas à la victime d'échapper à son poursuivant sans perdre quelque avantage professionnel[1].

La définition de la Commission des droits de la personne du Québec se rapproche davantage de celle du Groupe d'aide: le harcèlement sexuel est une conduite se manifestant par des paroles, des actes ou des gestes à connotation sexuelle, répétés et non désirés, et qui est de nature à porter atteinte à la dignité ou à l'intégrité physique ou psychologique de la personne ou de nature à entraîner pour elle des conditions de travail défavorables ou un renvoi.

Les pratiques peuvent être de nature diverse:

> demandes de faveurs sexuelles non désirées; remarques, insultes plaisanteries et commentaires à caractère sexuel portant atteinte à la dignité de la personne; menaces, représailles, refus de promotion, congédiement, ou autres injustices associées à des faveurs sexuelles non obtenues; un seul acte grave qui engendre un effet nocif continu[2].

Catharine A. MacKinnon ajoute toutefois une précision très importante: le harcèlement sexuel au travail peut prendre deux formes distinctes, mais tout aussi dangereuses.

La première, qu'elle nomme «quid pro quo», se décrit comme la situation classique: la travailleuse est contrainte de se soumettre à des avances de nature sexuelle. Un refus de ces dites avances entraînera des représailles qui affecteront directement son emploi (congédiement, modifications de l'emploi etc.). Cet aspect du harcèlement sexuel au travail a été reconnu à plusieurs reprises par divers tribunaux canadiens.

La seconde forme, qu'il est convenu d'appeler le «climat de travail empoisonné», consiste dans le fait que la travailleuse, sans subir de représailles directes au niveau de son emploi, est obligée de supporter des blagues, des allusions, des insultes, des propositions, voire même des menaces, toutes à caractère sexuel. Cette situation peut être le résultat d'un refus d'avances sexuelles ou d'une attitude généralement hostile face à une ou des collègues féminines dans un milieu de travail. La femme qui subit une telle situation sent son climat de travail devenir de plus en plus difficile à supporter jusqu'à ce qu'il soit carrément intolérable[3].

Dans sa définition, le Groupe d'aide considère le harcèlement sexuel au travail comme étant une forme de discrimination, d'abus de pouvoir et de violence faite aux femmes. Il comprend toutes formes *d'attentions* ou *d'avances non désirées*, à connotation sexuelle, qui provoquent l'inconfort, la crainte et menacent le bien-être et/ou l'emploi. Cela peut inclure des œillades, des paroles, des gestes, des attouchements, des menaces, des propositions, des farces, l'affichage de matériel pornographique, et peut aller jusqu'à l'assaut sexuel, tel que le viol. Le harceleur peut être un employeur, un contremaître, un collègue de travail, un client etc.

Le harcèlement sexuel au travail est donc un acte discriminatoire, un abus de pouvoir et une forme de violence faite aux femmes. Voyons de plus près ces trois caractéristiques.

Le harcèlement sexuel n'exprime pas un désir sexuel. Comme le violeur, le harceleur ne cherche pas principalement une quelconque satisfaction sexuelle. Il veut plutôt éprouver le plaisir de satisfaire son désir d'exercer un pouvoir économique sur quelqu'un et assouvir son sentiment de supériorité. Le harcèlement sexuel peut même, parfois, lui servir de moyen efficace pour se débarasser d'une employée qu'il juge indésirable. Les menaces seront tantôt explicites, tantôt implicites. Mais, dans tous les cas, le harceleur passe le même message: «Tu n'es qu'une femme et comprends, une fois pour toute, que c'est moi le plus fort!»

La violence est, bien sûr, évidente lorsque le harcèlement sexuel aboutit à des gestes extrêmes comme les voies de fait, l'assaut sexuel ou le viol. Elle est parfois plus sournoise mais elle demeure toujours présente dans toutes les formes de harcèlement sexuel au travail. Il ne faut pas sous-estimer la violence psychologique, qui est énorme dès le début du harcèlement. Lorsqu'un harceleur décide de ne tenir aucun compte d'un refus, il brutalise mentalement la femme en poursuivant ses agissements. Il n'a aucun respect pour elle en tant que femme et ce qu'elle peut ressentir ne l'intéresse pas. Il lui refuse le droit à la dignité, à l'intégrité physique et mentale. Il lui impose sa présence et ses attentions. Peu à peu le comportement brutal du harceleur a des effets désastreux sur la vie de la femme harcelée. Son bien-être et sa santé sont grugés. Son niveau de stress augmente. Son travail s'en ressent. La violence psychologique dont se sert le harceleur à son égard finit par la dévaloriser à ses propres yeux et à ceux de ses collègues. Elle se perçoit alors comme une citoyenne de seconde zone, elle se sent beaucoup plus un objet qu'une personne. Lorsque le harceleur accompagne ses avances de caresses et autres touchers humiliants, cette perception négative de soi devient d'autant plus vive chez la femme harcelée.

Le harcèlement sexuel au travail est pour les femmes l'ultime rappel que leur présence sur le marché du travail n'est possible que parce que les hommes le veulent bien. C'est un chantage sexuel, une attitude hostile destinée à bien signifier aux femmes leur infériorité face à la domination mâle.

Ainsi, le fait que les harceleurs prennent pour acquis que les travailleuses sont tenues d'avoir un comportement sexuel constitue un acte discriminatoire, puisqu'un tel comportement n'est jamais exigé d'un travailleur. Que penser d'un patron qui congédie son employée parce qu'elle refuse d'accéder à ses avances sexuelles? D'un autre employeur ou d'un collègue qui trouve normal qu'une femme travaillant sous ses ordres ou dans le même bureau que lui subisse sans mot dire les «mots doux» et/ou les caresses qu'il lui impose? La discrimination est évidente. On juge les hommes d'après leur productivité au travail, alors que les femmes sont jugées d'abord en tant qu'objets sexuels et après seulement, d'après leur productivité. En d'autres mots, on veut bien faire comprendre aux femmes qu'elles ne sont pas à leur place sur le marché du travail! Il n'est donc pas question de relations égalitaires.

CHAPITRE 2

LE CONTEXTE SOCIO-ÉCONOMIQUE

La plupart des femmes ont été conditionnées, dès l'enfance, à ravaler leur colère; mais si une «triste dame» apprend à se valoriser, elle doit accepter et apprendre à venir à bout de ses sentiments de colère plutôt que de les retourner avec masochisme, contre elle-même.

(Traduction libre)
Pat Rotter, Bitches and Sad, p. 10.

Pourquoi le harcèlement sexuel au travail existe-t-il? L'Histoire peut nous fournir de nombreux éléments de réponse. L'examen de la société et des caractéristiques de la situation actuelle de la femme, son conditionnement culturel et sa place peu enviable sur le marché du travail, mettent aussi en lumière certains éléments de réponse et c'est à ces derniers que nous nous attarderons.

L'éducation des femmes

«La majorité des histoires et la majeure partie de l'Histoire qu'on nous enseigne glorifient le contraire de ce qu'on attend de nous: nous devons être peureuses et modestes alors que l'esprit d'aventure, l'héroïsme et l'affirmation de soi sont partout mis en valeur[4].»

Ainsi, de la demoiselle en détresse sauvée par le preux chevalier aux filles décoratives accrochées au cou de James Bond, la société a créé des modèles tellement forts que les femmes ont fini par croire qu'ils décrivaient la réalité et que le rôle d'une femme se réduisait à ces modèles précis et établis par le pouvoir masculin.

C'est, bien sûr, à travers les médias que ces idées sont véhiculées avec le plus de puissance. L'écrasante majorité des héros au cinéma, dans les livres et, surtout, à la télévision, sont masculins. Les personnages féminins qui ne sont ni exclusivement mères et épouses, ni décoratifs, sont très rares. À tel point que lorsqu'une émission met en scène une femme de carrière, active et indépendante, on n'est pas certain d'y croire. Ainsi, aujourd'hui encore, lorsqu'une fille décide de s'identifier au héros plutôt qu'à l'héroïne que véhiculent les médias, on la regarde avec condescendance comme un garçon manqué, un peu trop masculine pour être socialement acceptable. «Les garçons doivent se dépasser, les filles doivent se restreindre, se rapetisser dans un rôle étriqué[5].»

C'est ainsi qu'on intègre de force la réalité, une réalité où les femmes sont effacées et accessoires, une réalité où la moindre de leurs exigences et de leurs affirmations est encore perçue comme une sidérante révolution. On essaie péniblement d'éliminer ces stéréotypes sexistes. Il y a en effet une augmentation «d'héroïnes héroïques» mais il est à espérer qu'elles soient encore plus nombreuses.

Le harcèlement sexuel au travail est, nous l'avons dit, une forme de violence; mais c'est une violence «si répandue dans notre société qu'elle en arrive à sembler normale et à demeurer presque invisible[6]». Si invisible en fait, que l'on prend souvent beaucoup de temps avant de réaliser que ce n'est pas normal d'être traitées de la sorte. Les femmes ont été simplement éduquées à accepter leur sort: femmes dominées. L'éducation même des femmes est donc la première chose qui a toujours joué en faveur du harcèlement sexuel au travail. On n'apprend pas aux femmes à se défendre, on leur apprend la patience. On ne leur dit pas: «Bats-toi!» On leur dit: «Prends sur toi, c'est pas si grave...» «Ce n'est pas féminin de riposter, de parler fort, de prendre de la place[7].»

Alors, lorsqu'une femme est harcelée, elle supporte. Longtemps. Et c'est peut-être un autre facteur qui joue en faveur du harcèlement sexuel au travail: les différentes manières de voir la réalité. Prenons cet exemple:

Une travailleuse subit du harcèlement sexuel de la part d'un harceleur discret qui la talonne depuis des mois. Après avoir longtemps supporté ce comportement, elle se confie à une collègue qui lui rétorque: «Monsieur Machin? Ben voyons, t'es folle; il a deux fois ton âge. Il est marié depuis vingt ans. C'est impossible!»

Et la travailleuse recommence à supporter, en doutant, cette fois, de la valeur de ses propres perceptions et de sa compréhension de la réalité. Elle essaie de se convaincre qu'elle se trompe, de nier ses sentiments, de nier ce qu'elle ressent. Pendant ce temps le harceleur continue de plus belle.

La femme apprend à fonctionner avec la violence qui lui est faite, conditionnée à la peur, à l'impuissance. Et au silence. C'est par là que les choses doivent commencer à changer. Quand les femmes réussissent à briser le fameux mur du silence dans lequel elle sont enfermées, leur réalité devient plus tangible, plus évidente aux yeux de tout le monde. Et quand cette réalité est identifiée, les changements à y apporter se clarifient rapidement.

Rendre visible — ce qui saute aux yeux — est un travail de longue haleine. Et chaque femme est un relais dans ce long parcours. La visibilité sociale de la réalité des femmes passe par la parole, le langage, les mots eux-mêmes. Il a fallu "inventer" le terme harcèlement sexuel pour pouvoir démasquer cette oppression et la combattre publiquement et politiquement; ce qui ne veut pas dire que les femmes et les filles ne se défendaient pas avant d'avoir les mots pour le dire. Mais l'isolement est un gros handicap même pour les plus hardies. Comme toutes les formes de répression et de violence sexuelles, le harcèlement sexuel crée chez la femme qui le subit un sentiment d'impuissance. Et tout ce qui peut réduire ou contrecarrer ce sentiment fait déjà obstacle à cette tentative de domination. Plus les femmes se sentent légitimes à leurs propres yeux, plus elles font confiance en leurs propres perceptions et plus elles font échec au harcèlement sexuel.

CEQ, Le Harcèlement sexuel: vues de l'intérieur, p. 9.

La place des femmes sur le marché du travail

Sur le marché du travail, malgré les apparences, les femmes occupent encore majoritairement les emplois les plus mal payés. Elles se retrouvent aux échelons inférieurs de la hiérarchie dans les entreprises et les services. Elles gagnent, en fait, la moitié du salaire des hommes. En 1985, les Québécoises ne gagnaient que près de 56% du salaire des hommes, soit près de 36% de la masse salariale disponible (les calculs de ces pourcentages ont été effectués à partir des données fournies par Statistiques Canada). Ainsi, même si en 1987, les femmes forment plus de 47% de la main-d'oeuvre active, leur situation reste encore peu enviable. La division sociale des sexes se perpétue dans la division sexuelle du travail où les rapports inégalitaires sont eux-mêmes perpétués de façon frappante.

Les femmes continuent à être guidées vers des emplois où leurs chances d'avancement sont minimes, vers des emplois qui leur procurent des revenus très bas et peu ou pas de sécurité, vers des emplois sous-payés et non syndiqués. Elles continuent à affronter toutes sortes d'oppositions dès qu'elles osent s'aventurer dans un des nombreux domaines réservés depuis longtemps aux hommes. On leur fait payer cher leur audace. Alors les audacieuses trouvent difficile de grossir leurs rangs.

Le tableau suivant illustre bien cette situation[8].

18

PROPORTION DE FEMMES ET D'HOMMES DANS QUELQUES EMPLOIS À FORTE SÉGRÉGATION SEXUELLE AU QUÉBEC (1971 et 1981)

	1971	1981
% d'hommes dans des métiers d'hommes		
- Directeurs généraux et cadres supérieurs	99.8%	94.6%
- Architectes et ingénieurs	98.2%	93.5%
- Médecins et et chirurgiens	90.2%	81.6%
- Travailleurs affectés au façonnage des métaux	95.8%	96.1%
- Conducteurs de véhicules automobiles	98.8%	96.4%
% de femmes dans des métiers de femmes		
- Secrétaires, sténographes et dactylographes	95.6%	98.5%
- Teneuses de livres, employées de comptabilité	53.1%	75.5%
- Travailleuses affectées à la fabrication, montage et réparation du tissu, de la fourrure et du cuir	71.1%	76.8%
- Infirmières diplômées (et élèves)	91.8%	91.1%
- Employées de banque et d'assurances	68.8%	81.0%

Pour compléter ce tableau peu reluisant de la situation des femmes sur le marché du travail, nous ajouterons:

— En 1985, le salaire moyen annuel d'une travailleuse, au Québec, était de 11 758$. Celui d'un travailleur: 21 611$.

— En 1987, près de 72% de la main-d'oeuvre à temps partiel était féminine. Or les emplois à temps partiel impliquent un revenu moindre et pas de bénéfices sociaux.

Nous sommes encore trop nombreuses à être des travailleuses mal payées, non-syndiquées, sans sécurité d'emploi, à l'avenir précaire et vulnérable. Si nous mettons cet état de faits en parallèle avec les valeurs sexistes de notre société, nous avons une situation tout à fait propice aux abus de toutes sortes.

Les enquêtes sur le harcèlement sexuel au travail

Juger de l'étendue du harcèlement sexuel au travail n'est jamais chose facile. Une question simple et directe ne permet pas de donner une idée réaliste du nombre de femmes qui vivent un problème de harcèlement sexuel. Face à la question «Avez-vous vécu du harcèlement sexuel au travail?», la femme éprouve souvent de la difficulté à répondre clairement. C'est que, même si on lui donne des exemples précis de harcèlement sexuel, elle n'est pas toujours certaine que sa situation y correspond. Plusieurs ont fini par accepter les comportements harcelants comme faisant partie intégrante de leur emploi, comme étant «normaux». Il ne leur vient même pas à l'idée d'en parler.

C'est, en autres, pour cette raison que les différentes enquêtes ont parfois des résultats qui varient considérablement. Ils demeurent, cependant, fort intéressants à étudier.

En 1976, un des plus grands magazines féminins des Etats-Unis, *Redbook*, publiait une enquête sur le harcèlement sexuel au travail: 88% des 9 000 répondantes volontaires déclarèrent avoir dû faire face à ce problème[9]. Les réactions furent vives. Un problème social qu'on s'obstinait à ignorer devenait enfin visible.

En septembre 1981, cette expérience fut renouvelée au Québec. La revue *La Vie en rose*, conjointement avec le YWCA, mena une enquête auprès de 2 465 répondantes: 64% de ces travailleuses québécoises affirmaient avoir vécu ce qu'elles considéraient être du harcèlement sexuel au travail. De plus, il sembla évident que la conscience même du phénomène avait augmenté: 90% des répondantes qualifiaient le problème de grave[10].

En 1983, la Commission canadienne des droits de la personne publia le résultat d'un sondage effectué auprès de 2 004 canadiennes et canadiens de plus de dix-huit ans. Ce sondage consistait en une entrevue d'une heure au cours de laquelle la personne donnait son avis sur des sujets les plus divers, allant des allégements fiscaux aux phénomènes ésotériques, en passant par le harcèlement sexuel. La Commission canadienne estime possible que cette façon de procéder «ait eu pour effet de neutraliser une question qui tend à susciter de vives réactions de la part des personnes des deux sexes»[11].

Les résultats de ce sondage sont présentés dans les deux tableaux suivants. Nous nous sommes toutefois limitées aux données concernant les femmes[12]. Dans ce sondage,comme il était possible de fournir plusieurs réponses, les pourcentages ne totalisent pas cent.

TABLEAU 1

Total	1 034	
On fait l'objet d'au moins un type d'attentions sexuelles importunes	504	(49%)
N'ont jamais fait l'objet d'attentions sexuelles		

TABLEAU 2

Total	1 034
Regards concupiscents/suggestifs	36%
Commentaires/taquineries de nature sexuelle	40%
Insinuations ou pressions sexuelles	24%
Attouchements, frôlements etc.	23%
Pressions insistantes pour entretenir une relation	13%
Relations sexuelles forcées	3%

Il ressort de ce sondage que 49% des canadiennes considèrent avoir dû faire face à des problèmes de harcèlement sexuel au moins une fois au cours de leur vie. En chiffres de 1983, cela représente 4 566 800 femmes!

En 1984, Madame Dominique Savoie terminait sa thèse de maîtrise à l'Université de Montréal, sur le harcèlement sexuel au travail: 31.4% des femmes qu'elle a interviewées ont déclaré avoir dû faire face à ce problème au moins une fois dans leur vie; 68.3% d'entre elles ont précisé que le harcèlement n'avait cessé que lorsqu'elles n'avaient plus été en présence du ou des harceleurs, soit parce qu'elles s'étaient retrouvées au chômage, soit parce que l'une des deux parties avait été mutée (la femme, le plus souvent)[13].

En janvier 1988, la revue *Avenir* publiait un sondage commandé à l'Institut québécois d'opinion publique (IQOP). Un total de 700 entrevues (femmes et hommes) ont été complétées: 90% des personnes interrogées qualifiaient d'important le problème du harcèlement sexuel; 40% de ces personnes estimaient que le harcèlement sexuel avait lieu le plus souvent au travail et 17% des personnes interrogées disaient avoir subi du harcèlement sexuel dont 39%, au travail[14].

CHAPITRE 3

LES FORMES DE HARCÈLEMENT SEXUEL AU TRAVAIL

Petits jeux inoffensifs ou chantage sexuel? Depuis notre entrée sur le marché du travail jusqu'à aujourd'hui, ces «petits jeux» font quelquefois partie de nos conditions de travail. Pour certaines d'entre-nous, dans certains métiers, ils sont presque sous-entendus dans notre description de tâches.

Lise Moisan, La vie en rose.

Une ou dix définitions du harcèlement sexuel au travail, c'est bien beau, mais concrètement, ça veut dire quoi? Les formes d'attentions ou d'avances sexuelles peuvent prendre les aspects les plus divers. Le harcèlement sexuel peut être verbal, non verbal et/ou physique. Voici une liste d'exemples qui n'est absolument pas exhaustive. Les femmes qui vivent ou ont vécu du harcèlement sexuel au travail savent fort bien que les harceleurs font preuve de beaucoup d'imagination.

Le harcèlement sexuel verbal comprend:
Des blagues sexistes, des farces grossières et dégradantes;
Des remarques sur le physique;
Des questions sur la vie privée: «As-tu un chum?» «Est-ce qu'il fait bien ça?»;
Des petits surnoms 'affectueux': «Mon amour, mon lapin, ma biche»;
Des confidences insistantes du harceleur: «Ma femme et moi, on ne fait plus l'amour, ça me prendrait quelqu'un comme toi, qui comprend»;
Des invitations réitérées de tous genres: «Qu'est-ce que tu fais ce soir? Et demain? et samedi? On pourrait aller manger,danser, prendre un verre.»;

Des propositions explicites;
Des promesses sous-entendues ou carrément formulées:
«Si tu voulais, tu sais, ta promotion...ton augmentation...»;
Des menaces de représailles, sur l'emploi ou sur la personne, en cas de refus.

Le harcèlement sexuel non-verbal comprend:
L'affichage de matériel dégradant et/ou pornographique;
Des regards qui mettent mal à l'aise;
Des sifflements;
Des notes de service, des dessins, des lettres (invitations, déclarations passionnées, menaces);
La présence continuelle du harceleur près de soi, près de son lieu de travail (bureau, machine);
Des signes explicites à connotation sexuelle;
La présence du harceleur autour du domicile.

Le harcèlement sexuel physique comprend:
Des frôlements (ce sont souvent des manoeuvres discrètes qui font croire à des hasards, jusqu'à ce qu'elles se répètent trop souvent);
Des attouchements de toutes catégories (de la petite tape amicale aux caresses forcées, ça varie à l'infini: on peut se faire pincer, tâter, embrasser, tasser dans un coin);
L'assaut (le harceleur passe carrément à la violence);
L'agression sexuelle (le viol).

L'escalade

L'escalade est une des caractéristiques du harcèlement sexuel au travail. Du regard non équivoque à la parole qui met mal à l'aise, du frôlement «involontaire» aux attouchements très précis,du sous-entendu à l'invitation à entreprendre une relation, bref de la subtilité à la grossièreté, de l'événement unique aux incidents multiples, l'escalade est presque toujours prévisible lorsqu'on parle de harcèlement sexuel au travail.

Ce phénomène d'escalade a été identifié par la plupart des femmes qui sont venues chercher de l'appui auprès de notre groupe; elles ont dû le subir même après avoir signifié au harceleur leur mécontentement et leur non-consentement.

Les harceleurs

Y a-t-il un portrait robot du harceleur? Non, il n'y en a pas. En effet, un harceleur peut être physiquement petit, grand, gros, maigre, sophistiqué, rustre, érudit, ignorant, marié, célibataire, timide, «cool», jeune, âgé, syndiqué, conservateur, beau, laid... alouette! D'autre part, il peut être non seulement l'employeur, mais aussi un collègue de travail, un client, un professeur, un étudiant ou un bénéficiaire (pour une employée d'hôpital par exemple) etc. Bref, si tous les hommes ne sont pas des harceleurs, aucun genre d'homme n'est exclu de cette catégorie[15].

Les femmes harcelées

Qui sont-elles? Elles sont de tous les âges, de tous les milieux, de toutes les orientations sexuelles, de toutes les apparences, de toutes les origines ethniques etc. Évidemment, puisque le harcèlement sexuel n'a rien à voir avec le désir sexuel.

Nous avons dans nos dossiers, l'exemple suivant. Un homme avait eu treize secrétaires successives en cinq ans. On a découvert qu'elles avaient été forcées de démissionner, les unes après les autres, pour cause de harcèlement sexuel. Elles avaient de dix-sept à soixante-trois ans. Son mépris des femmes était tel que le harceleur abusait de son pouvoir de façon continue, presque par habitude. Il considérait ce comportement comme un droit qui allait avec son emploi. Ce cas n'est, malheureusement, qu'un parmi tant d'autres.

CHAPITRE 4

LES CONSÉQUENCES DU
HARCÈLEMENT SEXUEL AU TRAVAIL

Le harcèlement sexuel au travail a des conséquences directes et indirectes sur tous les aspects de la vie de la travailleuse. Les exemples que nous citons ici ne font pas le tour de toutes les possibilités mais veulent illustrer ce que peuvent être ces conséquences.

Le harcèlement sexuel au travail, nous l'avons dit, est une forme d'abus de pouvoir. Lorsque la femme exprime catégoriquement son refus à l'homme qui la harcèle ou encore lorsqu'elle porte plainte contre lui, ce dernier, sentant menacé le pouvoir qu'il a sur elle, passe alors aux représailles.

Les réactions des autres

L'employeur, lorsqu'il est mis au courant de la situation, a la plupart du temps un comportement négatif: il pénalise la travailleuse tout en protégeant le harceleur. Il refuse de discuter du problème, il ne fait rien de concret pour le régler.

Les collègues, en majorité, refusent d'aider la femme harcelée. Ils font semblant que rien ne se passe, ne veulent rien faire ou vont même jusqu'à nuire à la femme harcelée dans son travail.

Pourquoi ces réactions? Parce que la société n'est pas ou ne veut pas encore être mise au courant. On continue trop souvent à voir le harcèlement sexuel au travail comme un problème privé, ne concernant que deux personnes. On continue à prôner la tolérance envers les harceleurs et à accuser les femmes qui subissent ce harcèlement. «Que veux-tu, c'est un chaud lapin...». «Ça va lui apprendre à s'habiller comme ça; elle l'a cherché!» On continue à ne pas vouloir réaliser la gravité et l'ampleur du problème.

Les représailles

Les représailles possibles sont reliées au pouvoir que possède le harceleur au sein du milieu de travail. Elles sont nombreuses et variées. Elles peuvent prendre la forme d'un transfert, d'un changement dans les dates de vacances, de mauvais dossiers de travail, de modifications des heures de travail, de fausses plaintes, de racontars, de mauvaises évaluations du rendement au travail, de sabotage du travail, de refus subit d'augmentation de salaire, de temps supplémentaire obligatoire, de perte de promotion, de surcharge de travail, de rétrogradation, de mise à pied temporaire, de congédiement, de démission forcée, de mauvaises références etc.

Les effets psychologiques

Le harcèlement sexuel et ses représailles ont des répercussions énormes chez la femme harcelée. Sa vie est boulversée et ce, à tous les niveaux. Son insatisfaction grandit peu à peu face à son emploi. Elle perd de l'intérêt et de la motivation. Ses absences et ses retards deviennent de plus en plus fréquents et ils entraînent souvent des pertes de revenus. Elle se décourage et perd confiance en elle-même. Sa nervosité et son stress augmentent considérablement. Elle vit des sentiments d'impuissance et de rage. Ses peurs aussi se multiplient: peur des représailles, peur de ne pas être crue, peur de se faire accuser de provocation, peur d'aller travailler et d'affronter le harceleur, peur du jugement des collègues, peur d'être perçue comme une fautrice de troubles, peur de perdre son emploi, peur d'être agressée par le harceleur. Elle se sent blessée, intimidée, embarrassée. Ses collègues lui donnent rarement du support. Habituellement, on préfère l'éviter plutôt que de lui servir de témoin. Elle sent qu'elle perd de plus en plus le contrôle de la situation.

Il arrive également que le harceleur change les règles du jeu. Les exigences de l'emploi se modifient brusquement sans que personne n'en avertisse l'employée. De là à ce qu'elle se fasse traiter d'incompétente, il n'y a qu'un pas, vite franchi. L'atmosphère, au travail, devient de plus en plus invivable. La nervosité et le stress que subit l'employée à cause du harcèlement sexuel entraînent souvent une baisse de son rendement et occasionnent parfois même, des dangers pour sa santé et sa sécurité au travail. Elle voit sa sécurité financière menacée. Parfois, elle essaie de changer d'emploi, et cela, même si elle travaille au même endroit depuis des années, risquant ainsi de perdre son ancienneté et sa sécurité d'emploi.

Les répercussions du harcèlement sexuel au travail se retrouvent également dans sa vie privée et sont beaucoup plus importantes que nous le croyons. Elle change ses habitudes alimentaires. Les insomnies, les migraines, les troubles d'estomac, les maux de dos, de jambes et les nausées font leur apparition. Elle est angoissée, stressée et épuisée. Elle vit des sentiments d'humiliation et de frustration. Bien souvent, elle devient dépressive et l'insécurité l'envahit. Les problèmes interpersonnels, les problèmes sexuels et les problèmes familiaux se présentent peu à peu ou soudainement.

Elle se sent blessée et en colère. Son émotivité suit une courbe ascendante. Son niveau de tolérance diminue. Elle devient irritable avec sa famille, susceptible avec ses ami-e-s et ses connaissances. Sa santé se détériore. La peur de revivre ce genre de situation la hante, diminue son énergie et sa capacité d'action. Son sentiment de frustration l'amène souvent à se défouler sur ses proches. Et les conflits avec son conjoint se multiplient.

CHAPITRE 5

LES MYTHES ET LES RÉALITÉS

QU'EN PENSEZ-VOUS?

Vrai ou faux.

A. Le harcèlement sexuel au travail se distingue du flirt amical.

B. Si on ne me harcèle qu'une fois, ce n'est pas du harcèlement sexuel.

C. Le harcèlement sexuel est un phénomène naturel du comportement humain, avec lequel on doit apprendre à vivre et qu'on doit accepter.

D. L'apparence physique, la tenue vestimentaire, certaines attitudes peuvent encourager ou provoquer du harcèlement sexuel au travail.

E. Les hommes sont aussi souvent victimes de harcèlement sexuel au travail que les femmes.

F. Les accusations de harcèlement sexuel sont généralement fausses ou injustifiées, motivées par le mépris ou la vengeance.

G. Une façon de faire cesser le harcèlement sexuel est de l'ignorer.

H. Toutes les femmes ont le même seuil de tolérance face au harcèlement sexuel.

Ce questionnaire met en relief les idées préconçues et les réalités qui caractérisent le problème. Il serait intéressant de comparer vos réponses avec nos commentaires.

A. Le harcèlement sexuel au travail se distingue du flirt amical.

- VRAI -

Lorsque nous parlons de harcèlement sexuel au travail, nous nous référons à la notion de base qui est le NON-CONSENTEMENT. Le flirt, quant à lui, se pratique entre partenaires consentants.

Exemple: un collègue, qui nous plaît, nous fait du charme et nous répondons en faisant les «yeux doux». Un jeu vieux comme le monde s'amorce. Ce n'est évidemment pas du harcèlement sexuel au travail puisque les deux personnes concernées sont consentantes.

Autre exemple: un collègue ou un supérieur ne cesse de nous faire les «yeux doux», de nous demander de sortir avec lui. Nous lui faisons clairement comprendre notre refus et il cesse. Il n'y a pas de conséquences fâcheuses à la suite de ce refus puisqu'il a compris et respecté notre décision, notre choix. Encore là, il n'y a pas de harcèlement sexuel au travail.

Enfin, prenons un dernier exemple: un collègue ou un supérieur ne cesse de nous faire les «yeux doux», de nous demander de sortir avec lui. Nous lui faisons clairement comprendre que nous ne sommes pas intéressées. Il n'accepte pas notre refus qui a été pourtant clairement exprimé. Il poursuit ses «avances» en les assortissant de menaces ou de représailles. Nous avons là, bien sûr, une situation de harcèlement sexuel au travail.

Si le harceleur est un supérieur, le problème devient plus délicat. Il peut abuser de son pouvoir et faire des menaces. La situation devient alors plus difficile. On hésite à exprimer son refus, car on a peur de perdre son emploi. On lui fait alors comprendre le non-consentement de façon plus indirecte.

B. Si on ne me harcèle qu'une fois, ce n'est pas du harcèlement sexuel au travail.

- FAUX -

Évidemment. Même si le terme harcèlement implique habituellement la notion de répétition, il demeure, dans bien des cas, qu'un seul geste ou qu'une seule proposition soit suffisant pour être considéré comme du harcèlement sexuel au travail. Les exemples qui suivent le démontrent bien.

Lors d'une entrevue pour un emploi, le patron signifie à la candidate qu'elle pourrait avoir le poste si elle acceptait d'avoir des relations intimes avec lui.

Ou encore, un supérieur fait une seule demande de relations intimes à l'employée, en lui précisant qu'il lui laisse une semaine de réflexion. Il n'y a pas de menaces directes mais il semble être sous-entendu qu'elle pourrait avoir des problèmes si sa réponse devait être négative. Les représailles se concrétisent d'ailleurs par la suite et les conditions de travail de l'employée se détériorent.

Enfin, un collègue de travail met brusquement une main entre les jambes de l'employée en proférant des paroles obscènes. Ce geste n'a pas besoin d'être répété pour être considéré comme du harcèlement sexuel au travail.

Il est vrai que lorsque l'approche est subtile, il arrive souvent que le harcèlement sexuel soit difficile à saisir, à moins effectivement de répétitions. Précisons, cependant, que plus l'approche est évidente ou grossière moins elle doit être répétée pour que l'employée soit fixée sur sa véritable nature.

Un matin, un supérieur ou un collègue frôle de la main, la fesse d'une employée. Elle réagit. Il s'excuse. Le lendemain, la même chose se produit. Il n'est pas nécessaire qu'il le refasse dix autres fois pour qu'elle comprenne clairement ses intentions.

C. Le harcèlement sexuel au travail est un phénomène naturel du comportement humain, avec lequel on doit apprendre à vivre et qu'on doit accepter.

- FAUX -

Il faut, une fois pour toute, apprendre à faire la distinction entre *conditionnement social* et *phénomène naturel*. Le comportement d'un harceleur n'est pas causé par ses glandes, mais par une éducation sociale où les femmes ont une place méprisable.

D. L'apparence physique, la tenue vestimentaire, certains comportements peuvent encourager ou provoquer du harcèlement sexuel au travail.

-FAUX -

Cette affirmation rejette sur la femme le blâme de la situation. Ainsi, le harceleur peut en toute impunité se décharger de la responsabilité de ses propres actes. Il peut s'en laver les mains. Il va déclarer qu'elle l'a provoqué et les raisons pour justifier ses actes et son comportement ne lui manquent jamais. Du beau sourire aux blouses blanches, aux souliers bleus et au ton sur lequel elle lui dit bonjour, de ses cheveux courts à sa cordialité, les raisons les plus diverses seront invoquées par lui.

Ainsi, la femme se retrouve prise dans un cercle vicieux puisque pour certains postes, on exige d'elle qu'elle ait une tenue vestimentaire soignée et «agréable». Et c'est cette tenue vestimentaire, cette apparence générale, qui servira par la suite de prétexte au harceleur, qui prétendra avoir été provoqué. Cette idée de provocation nous ramène encore à la notion de culpabilisation. On fait porter aux femmes la responsabilité des actes des autres. Elles sont les coupables. Ceci est renforcé quotidiennement par la société, les divers médias, les ami-e-s, les proches et même les lois...

Pourtant, on oublie trop facilement, même si le harceleur s'en sert comme prétexte, que les motifs du harcèlement sexuel au travail, l'apparence, l'âge, ou l'attitude ne jouent pas. De fait, le désir sexuel n'est nullement l'élément principal qui fera ou ne fera pas de la femme une cible pour le harceleur. Il est plus probable que ce dernier agisse de la sorte parce qu'il a un besoin de pouvoir: un besoin de se servir de sa position hiérarchique, un besoin de sentir qu'il est supérieur ou encore, un besoin d'exprimer de la violence envers les femmes.

L'interprétation subjective de *la provocation* demeure néanmoins la défense habituelle du harceleur. On pourrait résumer cette réaction en ces termes: «Ils prennent leurs désirs pour notre consentement...»

E. Les hommes sont aussi souvent victimes de harcèlement sexuel au travail que les femmes.

- FAUX -

Dans l'écrasante majorité des cas, ce sont des hommes qui harcèlent. En effet, la grande majorité des femmes harcelées le sont par des hommes. Ensuite, viennent les hommes qui harcèlent des hommes, les femmes qui harcèlent des hommes et en dernier lieu, des femmes qui harcèlent des femmes.

Ce n'est donc qu'une infime minorité d'hommes qui sont harcelés par des femmes. Pourquoi? D'abord parce que les femmes se retrouvent rarement dans une position de pouvoir où elles peuvent faire des «avances» accompagnées de menaces et de représailles. Une étude réalisée par mesdames Backhouse et Cohen démontre que dans les rares cas où une femme fait du harcèlement sexuel au travail, elle prend d'énormes risques. Ce comportement, chez une femme, est jugé comme totalement inacceptable et l'entourage y réagit immédiatement. Quand une femme harcèle, la situation devient *sérieuse*.

Les femmes sont infiniment peu harceleuses pour une dernière raison: elles comprennent immédiatement que lorsqu'on dit «non», cela veut dire «non». Elles n'ont pas, comme les hommes, été conditionnées à croire le contraire...

F. Les accusations de harcèlement sexuel sont généralement fausses ou injustifiées, motivées par le mépris ou la vengeance.

- FAUX -

Porter plainte contre un harceleur n'est pas un jeu et les femmes en sont toutes très conscientes. Lorsqu'elles posent ce geste, elles ont à faire face à toutes sortes de conséquences (pertes d'emploi, congédiement, mauvaises références, stress, etc.). Le fait de porter plainte implique, entre autres, des démarches légales interminables et fastidieuses. C'est d'ailleurs pour ces raisons qu'elles ont peur et hésitent longtemps avant de le faire. Souvent même, elles attendent trop longtemps avant d'agir et la situation devient intolérable.

Dans la majorité des cas — 70% des femmes qui ont fait appel au Groupe d'aide —, elles perdent leur emploi, soit qu'elles donnent elles-mêmes leur démission, ne pouvant plus supporter la situation, soit qu'on les congédie.

Le mythe des accusations fausses et gratuites diminue l'importance accordée aux conséquences du harcèlement sexuel au travail. Ce préjugé discrédite le jugement des femmes et leur désir de prendre leur place tout en étant traitées de façon égalitaire. Malgré les lois existantes, la gravité du problème et ses répercussions ne sont pas réellement reconnues.

Ainsi, dans tous les cas, c'est à la femme harcelée que revient le fardeau de la preuve. Pourtant, comme dans presque tous les actes d'agression sexuelle commis contre les femmes, le harcèlement sexuel se produit rarement en public. La preuve qu'une femme vit ou qu'elle a vécu du harcèlement sexuel au travail n'est pas simple à établir car les témoins sont rarissimes. Lorsqu'une femme porte plainte, elle voit sa réputation salie — «C'est une faiseuse de troubles, etc.» —, sa vie privée discutée publiquement, ses comportements jugés.

Porter plainte n'est donc pas facile, ce n'est pas un acte irréfléchi de la part de la femme, ni une accusation «mensongère», «frivole» et «vexatoire» ou autres balivernes du genre. Porter plainte comporte d'énormes difficultés, exige trop d'implications et entraîne de graves conséquences dans la vie privée. Porter plainte, c'est un acte réfléchi de la part d'une femme harcelée.

G. Une façon de faire cesser le harcèlement sexuel au travail est de l'ignorer.

- FAUX -

Cette attitude de l'autruche ne peut qu'aggraver la situation dans la plupart des cas. Plus souvent qu'autrement, si la femme tente de l'ignorer, le harceleur passera de la subtilité au harcèlement de plus en plus direct, de plus en plus difficile à tolérer. Il est vrai que la femme n'a pas appris à répliquer mais plutôt à tolérer; il n'est pas facile, pour elle, de dire «non», de dire que tel comportement, telle parole ou tel geste la dérange, la met mal à l'aise. Mais, même si elle craint de dire «non» trop durement, de peur de se mettre à dos le harceleur, il est préférable de montrer le plus clairement et le plus rapidement possible ce NON-CONSENTEMENT.

Ne rien dire peut être interprété de bien des manières par le harceleur:

— Serait-ce un signe d'approbation?
— Serait-ce un signe d'hésitation me permettant d'insister?
— Serait-ce un signe de sa peur de refuser, donc, un signe de sa faiblesse que je pourrais utiliser?
— etc.

Les façons de réagir varient. Il demeure cependant essentiel que le harceleur ne puisse se méprendre sur les sentiments de la femme. Il faut absolument qu'il sache que ses familiarités ne sont pas les bienvenues.

Malheureusement, dans bien des cas, l'expérience nous a appris que la plupart des harceleurs réitèrent leurs offres, leurs farces sexistes et vulgaires ou leurs menaces, même après un refus clair. C'est pourquoi la situation idéale serait que la femme puisse, dès le début du harcèlement, compter sur le support de ses collègues de travail. Quand le harceleur comprend qu'elle n'est pas seule et isolée, il n'est pas rare qu'il cesse ses agissements.

L'appui d'un groupe extérieur, surtout si la femme ne reçoit pas d'aide de ses collègues de travail, peut s'avérer fort utile. Ce groupe lui apportera un support moral et technique et, entre autres, pourra envisager avec elle des stratégies alternatives, après que son NON-CONSENTEMENT aura été ignoré par le harceleur. (Vous l'avez sans doute deviné, nous venons de décrire là une partie du travail effectué par notre Groupe d'aide et d'information sur le harcèlement sexuel au travail!)

H. Toutes les femmes ont le même seuil de tolérance face au harcèlement sexuel au travail.

- FAUX -

En fait, chaque personne possède un seuil de tolérance qui lui est propre. Le seuil de tolérance, c'est la limite de ce qui est supportable et acceptable pour un individu.

Prenons un exemple: une nouvelle secrétaire est, chaque matin, accueillie par des farces grivoises et sexistes de la part de son patron. Elle lui dit clairement que ces farces la mettent mal à l'aise et qu'elle n'aime pas cela. Elle lui demande de cesser. Le patron ne comprend pas pourquoi elle n'aime pas ça car son ancienne secrétaire aimait bien ce genre de farces, elle en avait même toujours une à raconter à chaque matin... Il semble que cette première secrétaire appréciait l'attitude de son patron.

Chaque femme doit apprendre à reconnaître quand sa limite est atteinte, quand son seuil de tolérance est dépassé.

CHAPITRE 6

LES RIPOSTES

Le harcèlement sexuel au travail n'est pas un problème sans issue. Il existe des façons de riposter, des actions à entreprendre. Ces actions demandent toutefois une certaine somme d'efforts que l'on doit être prête à accomplir.

On peut choisir d'entamer des procédures judiciaires — nous en reparlerons plus loin — mais il existe aussi des solutions alternatives au problème. Ces solutions sont, pour la plupart, des stratégies que chaque femme réinvente et adapte à sa situation.

Quel que soit son choix, la femme harcelée doit donner à sa riposte une base solide. Cette base s'appuiera sur deux points fondamentaux: l'évaluation de son dossier et les actions invariables. Avant d'aborder ces deux points essentiels, il nous apparaît important de répéter une première et universelle suggestion: «Autant que possible, n'agissez pas seule.» Il est important de trouver des appuis, que ce soit sur les lieux de son travail, dans son entourage et/ou dans un groupe d'intervention comme le Groupe d'aide.

L'ÉVALUATION DU DOSSIER

L'évaluation d'un dossier consiste à faire le portrait général de la situation. Cette évaluation est très importante car elle donne une assise sur laquelle la femme concernée peut décider de ses ripostes et des stratégies alternatives. Pour faire cette évaluation, elle doit inventorier plusieurs facteurs et l'aide d'un Groupe d'appui s'avère essentielle à ce stade-ci.

Les caractéristiques du lieu de travail:
Quelle est la taille de l'entreprise?
Quel est son degré de stabilité économique?
À qui appartient-t-elle?
Combien y a-t-il de propriétaires?
Quel est le nombre de femmes et d'hommes qui travaillent dans l'entreprise, dans le département?
Existe-t-il un roulement du personnel féminin?
Quelle est la façon d'accéder à une promotion?

Les caractéristiques de la situation au travail:
La femme est-elle syndiquée, en probation?
Où est-elle située dans la hiérarchie de l'entreprise?
Depuis combien de temps est-elle employée à cet endroit?
Son dossier de travail est-il bon?
Comment sont ses relations de travail, avec ses collègues, avec ses supérieur-e-s?

Les caractéristiques du harceleur:
Depuis combien de temps est-il à l'emploi de l'entreprise?
Où est-il placé dans la hiérarchie de l'entreprise?
Est-il le supérieur immédiat?
Fait-il partie du même syndicat que la femme?
Quelle sorte de relations, de comportements a-t-il avec les autres employé-e-s?
Dans le cadre de son travail, combien de femmes font affaire avec lui?

Les autres facteurs à considérer:
Y a-t-il des témoins?
Les collègues, sont-elles ou sont-ils au courant de la situation?
Le harceleur harcèle-t-il ou a-t-il harcelé d'autres femmes?
Une femme médecin, a-t-elle été consultée?
La qualité de travail a-t-elle diminué depuis le commencement du harcèlement?
Jusqu'à quel point la femme dépend-elle de cet emploi?
Y a-t-il du support au travail, à la maison?
Que peut-elle faire ou entreprendre seule? Avec de l'aide?
Enfin, que désire-t-elle exactement?

LES ACTIONS INVARIABLES

Les actions invariables représentent l'autre élément de base de la riposte, qu'elle soit légale ou alternative. Il faut les entreprendre quelles que soient les intentions ou la situation de la femme harcelée. Elles sont indispensables, essentielles, et ne peuvent qu'aider quant au traitement du dossier. De plus, si l'on décide de porter plainte, ces actions invariables seront d'une très grande utilité pour faire la preuve devant quelque instance décisionnelle que ce soit. Toutes les données recueillies pourront servir, entre autres, d'aide-mémoire.

1. La première action est de signifier le plus clairement possible au harceleur le NON-CONSENTEMENT, le refus de ses avances, de ses attentions, de son comportement. Rappelons-lui que, dans notre langage, lorsque nous disons «non», cela signifie «non»!

2. L'idéal consiste à lui demander fermement, et si possible devant témoins, de cesser ses agissements.

3. Dès le début du harcèlement, on doit tenir un journal détaillé et complet de tous les événements. On doit y inscrire:

a) Les dates, les heures, les lieux et les circonstances du harcèlement ainsi que les faits, les gestes, les paroles etc. que l'on a subis;
b) Les noms et, si possible, les numéros de téléphone de témoins auditifs et visuels;
c) Les répercussions émotives et/ou physiques que chaque événement a sur sa vie;
d) Les détails de chacune des démarches concernant le harcèlement sexuel: les demandes faites au harceleur, les discussions avec d'autres employé-e-s sur le sujet, les lettres envoyées au harceleur ou à son supérieur, les démarches entreprises auprès du syndicat ou de la direction, les rencontres avec le médecin etc.;

e) Le détail des différentes répercussions que la situation a sur le travail: mutation, changement d'horaires, surcharge de travail etc.

4. Si on a trouvé d'autres employées qui subissent les agissements du même harceleur, contactons-les. Appuyons-nous mutuellement et agissons ensemble.

5. Essayons d'avoir les noms et les coordonnées d'anciennes employées qui ont travaillé avec le harceleur. Informons-nous auprès d'elles: ont-elles eu à subir le même comportement de la part du harceleur?

6. On doit demander une évaluation de son travail dès que possible. Ainsi, le harceleur aura de la difficulté à expliquer pourquoi il trouve l'employée soudainement «incompétente» (lorsque elle refuse ses avances, par exemple).

7. Consultons un médecin. Expliquons-lui que cet état physique et/ou psychologique est dû à une situation de harcèlement sexuel au travail.

8. Si on a droit à des congés de maladie, et si on en ressent le besoin, on n'hésite pas à les prendre. Les congés permettent un éloignement salutaire de cette source de stress qu'est le harcèlement. De plus, ils évitent peut-être de poser des gestes extrêmes, comme celui d'une démission. Ce sera un temps de réflexion utile où l'on peut évaluer tranquillement quelles sont les solutions alternatives.

9. Il faut conserver tout écrit du harceleur: lettres, notes de service, dessins etc.

10. Il est conseillé et fortement recommandé de prendre au moins vingt-quatre heures de réflexion avant chaque décision. Cela permettra de se sentir plus sûre de la justesse de ses choix.

11. Enfin, contactons un groupe de support, comme le Groupe d'aide et d'information sur le harcèlement sexuel au travail.

LES STRATÉGIES ALTERNATIVES

Les stratégies alternatives, qu'elles soient individuelles ou collectives, sont souvent très efficaces pour faire cesser le harcèlement sexuel au travail. Cependant, nous insistons ici sur le fait qu'il n'y a pas deux situations identiques dans les cas du harcèlement sexuel au travail. Il est donc important de peser le pour et le contre de chaque action qu'on veut entreprendre et d'en évaluer les gains possibles. Il ne faut pas hésiter à demander de l'aide pour voir plus clair, que ce soit à quelqu'un de son entourage, à sa représentante du comité de la condition féminine, à un groupe d'appui comme le Groupe d'aide ou à un autre groupe inscrit en annexe. L'important: ne prenons pas ces décisions seule.

1. Les actions individuelles:

La femme peut commencer à discuter discrètement de harcèlement sexuel au travail avec des collègues lors des pauses. Elle peut ainsi évaluer quelle personne est consciente du problème.

De façon anonyme, l'employée dépose des textes sur le harcèlement sexuel partout sur les lieux de son travail. Si on ne parlait pas de ce problème avant, ce geste change bien souvent les attitudes en brisant le mur du silence.

Il faut évaluer à qui, collègue de travail, représentante syndicale etc., l'on peut se confier et, éventuellement, demander un appui concret.

La femme peut rencontrer le harceleur, de préférence accompagnée d'une personne de confiance. Elle lui décrit ce que ses comportements et ses agissements lui font ressentir. Elle lui dit qu'il doit cesser de la harceler, que ce qu'il fait est illégal, qu'elle connaît ses droits et qu'il les brime. S'il y a lieu, elle peut ajouter qu'il doit cesser immédiatement ou elle se verra dans l'obligation de prendre d'autres dispositions.

Il est possible d'aviser le harceleur par écrit, en lui faisant parvenir une mise en demeure. (Voir l'exemple en annexe 2.) Dans cette lettre, on exige la cessation de ses agissements. Dans un premier temps, il faut y décrire les comportements du harceleur, de préférence de façon générale, et y indiquer que l'on s'est vue dans l'obligation de lui écrire puisqu'il n'avait pas cessé son harcèlement après qu'on le lui eut demandé de vive voix. Dans un deuxième temps, il ne faut pas oublier d'inscrire, en haut, à droite de la lettre: «sous toutes réserves», de la poster recommandée et d'en conserver une photocopie. Elle pourra éventuellement servir de preuve. Cette action peut également être utilisée si l'on ne se sent pas capable d'être confrontée avec le harceleur.

Il est possible de mettre la direction au courant de la situation. Cependant, il est important d'évaluer sa position, ainsi que celle du harceleur dans l'entreprise, avant d'entreprendre cette démarche. Si on décide de mettre la direction au courant, il est important de ne pas y aller seule, mais plutôt d'être accompagnée d'une collègue, d'une représentante de la condition féminine, si on est syndiquée, ou d'une amie. Ce sera un témoin. Une représentante du Groupe d'aide et d'information sur le harcèlement sexuel au travail ou représentante d'un groupe de femmes pourrait également accompagner l'employée.

Si la situation a été signalée à un-e supérieur-e et que rien n'a été fait ou que le harcèlement continue, il est utile de répéter la même démarche par écrit. Il faut envoyer à son supérieur-e ainsi qu'à la direction de l'entreprise, une lettre recommandée pour les informer de l'évolution de la situation. «Il n'a pas cessé de me harceler sexuellement.» Il a cessé de me harceler sexuellement mais il est maintenant passé aux représailles, (surcharge de travail, changement dans mes horaires, etc.).» «Qu'avez-vous l'intention de faire?» C'est l'occasion idéale de signaler à l'employeur que *c'est sa responsabilité légale* de garantir un lieu de travail exempt de harcèlement sexuel. Ne pas oublier d'inscrire «sous toutes réserves» dans la lettre et garder une photocopie.

Servons-nous le plus possible de l'humour, de l'ironie. Nous avons à ce sujet, quelques trucs à vous suggérer:

La femme harcelée peut répéter à voix très haute ce que le harceleur lui dit à voix basse ou ce qu'il lui murmure. Les gens comme lui ont souvent peur de se faire remarquer. Cela peut calmer ses *ardeurs*.

Si le harceleur se colle sur elle, sous prétexte de lui parler, elle lui fait remarquer qu'elle n'est pas sourde, et qu'il peut lui adresser la parole de plus loin.

Elle se lève lorsque le harceleur vient lui faire des *avances*. Il perdra un peu du pouvoir qu'il a l'impression d'avoir sur elle, et elle se sentira plus à l'aise pour lui répliquer.

Si elle a des collègues qui l'appuient, elle fait en sorte qu'elles-ils soient toujours présent-e-s lorsque le harceleur est dans les parages.

Dans un cas de brusquerie, d'agression physique ou sexuelle, il ne faut pas hésiter à appeler la police. Elle fait venir les policiers sur les lieux pour qu'un rapport officiel de l'incident soit fait et ce, même si elle n'est pas certaine d'entamer des poursuites légales. Ce rapport pourra servir d'élément de preuve, si elle opte pour les poursuites légales, ou pourra aider une autre employée qui serait éventuellement agressée par ce même harceleur.

2. Les actions collectives:

Si une collègue est aux prises avec des problèmes de harcèlement sexuel au travail, aidons-la! La solidarité apporte immanquablement une aide inestimable à qui vit du harcèlement sexuel au travail. Le nombre est un bon élément de sécurité. Un geste collectif a bien souvent plus d'impact aux yeux des personnes visées, harceleurs, employeur-e, etc. Si les femmes s'appuient toutes entre elles, elles risquent de subir moins de représailles. De plus, si elles réunissent un groupe d'appui moral parmi leurs collègues, elles ne seront plus seules et isolées.

«L'UNION FAIT LA FORCE POUR FAIRE CESSER LE HARCÈLEMENT SEXUEL AU TRAVAIL»

Les différentes démarches décrites précédemment peuvent être entreprises à plusieurs. Voici quelques autres suggestions. Toutefois, il est important de savoir adapter les actions aux lieux de travail ainsi qu'aux situations qui se présentent:

Tenir un journal collectif de plaintes.

Se diriger vers la collègue qui est harcelée lorsque le harceleur est près d'elle. Demeurer avec elle. Ne pas la laisser seule le soir avec le harceleur, pour fermer le magasin, le restaurant, etc.

Aller voir le harceleur en groupe pour lui demander de cesser ses agissements. Lui signaler que maintenant, tout le monde est au courant de la situation.

Déposer une plainte collective auprès de la direction.

Écrire une lettre de plaintes à la direction. Pour qu'une leader ne soit pas identifiée et possiblement pénalisée, disposer les signatures en rayons de cercle.

Ne jamais manquer l'occasion d'utiliser l'humour. Monter lors d'une fête de bureau, etc., un sketch dans lequel les comportements et les réactions de chacun-e seraient reconnaissables.

Exiger un programme contre le harcèlement sexuel au travail et un programme d'éducation et de sensibilisation dans l'entreprise.

Enfin, contacter le Groupe d'aide et d'information sur le harcèlement sexuel au travail ou un autre groupe d'appui et se confier à ses proches.

Les stratégies alternatives ont plusieurs avantages notables, si la femme désire riposter au harcèlement sexuel. Ces stratégies apportent des solutions plus rapides. Elles favorisent une plus grande prise en charge de sa part: la femme harcelée sent qu'elle exerce plus de contrôle sur les événements qui bouleversent sa vie. Avec de l'imagination et la solidarité de ses collègues, elle peut contrer le harcèlement sexuel au travail avec autant, sinon plus, d'efficacité que le système judiciaire.

Voici quelques cas particuliers où des stratégies alternatives ont bien fonctionné.

Le propriétaire d'une bijouterie avait jeté son dévolu sur une de ses employées. Tous les soirs, il exigeait qu'elle reste après les autres pour «faire la caisse» avec lui. Il en profitait pour lui demander de l'embrasser, précisant que si elle refusait, il ne la laisserait pas sortir du magasin. La scène se répétait avec une régularité qui énervait sérieusement la jeune femme. Puis un soir, l'épouse du propriétaire est venue chercher celui-ci à l'heure de la fermeture. L'employée a eu une idée. Au moment de sortir, elle s'est plantée devant son patron en lui demandant, bien fort: «Et alors? Tu ne me demandes pas de t'embrasser, ce soir?» Embarrassé, il bégaya: «Je ne sais pas de quoi vous voulez parler.» Et la vendeuse de rétorquer: «Si tu n'es pas capable de me le demander devant ta femme, ne me le demande pas lorsqu'elle n'est pas là!» Par la suite, la jeune femme a recommencé à avoir des heures de travail raisonnables et le propriétaire n'a plus harcelé personne.

La caractéristique principale de cet exemple est la confrontation. C'est un outil dont on peut se servir. L'efficacité de cette stratégie est multipliée si on s'assure de la présence d'un-e allié-e sûr-e, au moment où on décide d'agir.

Dans un restaurant fast food, une employée était harcelée constamment par l'assistant-gérant. Pendant qu'à toute vitesse, elle essayait de répondre aux commandes des clients, son supérieur venait se placer derrière elle, pour la toucher ou lui murmurer des «mots doux» dans l'oreille. La serveuse n'osait rien dire. Elle était en probation et avait besoin de cet emploi. Cependant, elle devenait de plus en plus nerveuse. À un moment où elle était particulièrement occupée, le harceleur décida de la prendre par la taille. Sursautant violemment, elle renversa un verre plein de cocacola. L'assistant-gérant se mit alors en colère, la traitant d'incompétente devant les clients. La jeune femme éclata en sanglots. Une cliente, qui attendait son tour pour être servie, observait la scène depuis une dizaine de minutes. Elle se mit en colère à son tour, exigeant de rencontrer le gérant. Celui-ci, une fois mis au courant de la situation, n'a pas hésité à congédier sur-le-champ son assistant.

C'est là un exemple de solidarité efficace. Il est important de ne plus détourner les yeux, de ne pas faire semblant que le problème n'existe pas ou qu'il ne nous concerne pas. Dès qu'une femme est harcelée quelque part, c'est l'affaire de tout le monde. C'est ce genre de mentalité qui fera échec, de façon décisive, au harcèlement sexuel au travail.

Dans une entreprise de taille moyenne, un employé de longue date harcelait systématiquement toute femme jeune et célibataire, qu'il percevait comme étant plus vulnérable, et qui trouvait emploi dans son département. Cet état de fait durait depuis fort longtemps jusqu'au jour où une femme se confia en pleurant au responsable du journal interne de l'entreprise. Celui-ci fit sa petite enquête et s'aperçut rapidement que le harceleur était un récidiviste à grande échelle. Il commença par surveiller le harceleur, ne lui laissant jamais l'occasion de se retrouver seul en compagnie d'une femme. Puis, le journaliste amateur, prétextant la publication d'un article sur la récente promotion du harceleur, photographia celui-ci. Il développa la photo en grand format et la placarda dans un lieu passant, avec l'inscription: **DANGER, HARCELEUR!** Les réactions ne se firent pas attendre. Tout le bureau en parla. La supérieure hiérarchique de tout ce beau monde convoqua le sujet de la photo à son bureau. Celui-ci ne nia pas ce qu'on disait de lui, prétextant que ce comportement, c'était sa manière à lui d'être amical. Il fut rapidement muté.

Dans un collège d'enseignement général et professionnel, un professeur harcelait des étudiantes et des collègues. En fait, il ne dédaignait pas, à l'occasion, le recours au chantage sexuel. Mis au courant, le comité de la condition féminine du collège mit au point une intéressante stratégie. Le professeur reçut soudainement beaucoup de courrier. Le contenu des lettres était toujours le même: on y retrouvait, découpés dans la Charte des droits et libertés de la personne, tous les articles concernant le harcèlement et la discrimination. Le professeur, harceleur mais pas idiot, comprit le message. Il cessa son harcèlement.

Dans une grande entreprise, une aire ouverte occupait tout un étage et un employé talonnait une de ses collègues qui travaillait à l'autre bout complètement. Toutes les raisons étaient bonnes pour se retrouver à son bureau: emprunter un crayon, savoir comment s'écrit tel mot, etc. Il la suivait dans tous ses déplacements, sur les lieux de leur travail. Un jour, n'en pouvant plus, elle en parla à son délégué syndical, le sommant d'agir au plus vite. Le délégué réunit toutes les personnes qui travaillaient sur l'étage, sauf le harceleur et la collègue. Il décrivit le problème à l'assemblée. Au début, la réaction fut typique: personne n'avait rien remarqué. Puis, petit à petit, encouragés par le délégué syndical, qui ne désirait pas voir les patrons s'en mêler, les témoignages fusèrent. Le harceleur avait très souvent été vu à l'oeuvre, mais on avait préféré penser que «c'était une affaire privée». L'assemblée décida donc d'une action collective très simple mais efficace. Chaque fois que le harceleur se dirigerait vers le bureau de sa collègue, tous et toutes ses collègues cesseraient de travailler et le regarderaient passer sans mot dire. Fort surpris au début, le harceleur a vite compris que tout le monde était au courant de son petit manège et que personne ne l'approuvait. La femme harcelée a fini par avoir la paix.

Ceci est un bel exemple de l'art d'utiliser son imagination pour faire pencher la balance du pouvoir, mais c'est aussi un bel exemple de solidarité entre collègues.

Tous ces exemples sont des histoires authentiques. Puissent-ils soutenir le courage de chacune et de toutes!

LES ASPECTS LÉGAUX

Les chapitres qui suivent présentent un aperçu non-exhaustif des lois et des recours dont disposent les femmes lorsque la situation s'apparente à celles décrites précédemment. Une bonne connaissance de nos droits demeure le meilleur outil de prévention et d'action.

Nous tenons à souligner qu'il est toujours préférable de contacter un groupe d'appui, une personne ressource ou une avocate pour obtenir une aide morale et technique dans les démarches légales que l'on veut entreprendre. Une simple modification législative ou procédurale, après la publication de ce guide, pourrait faire perdre à une femme sa chance de faire reconnaître ses droits. Au niveau moral, l'appui d'une personne consciente du problème pourra aider la femme harcelée à surmonter les inévitables périodes de découragements et de frustrations que ressentent toutes les femmes face à l'appareil administratif ou judiciaire.

Certaines lois prohibent directement le harcèlement sexuel au travail, comme la Charte québécoise des droits et libertés, la Loi canadienne sur les droits de la personne, et le Code canadien du travail. D'autres peuvent être invoquées dans certaines situations découlant du harcèlement sexuel comme, la Loi sur les accidents du travail et les maladies professionnelles, la Loi des normes du travail, la Loi de l'assurance-chômage etc. Les pages qui suivent donnent un bref aperçu de ces lois et des recours appropriés pour en imposer le respect.

Il est à noter que 22 juin 1989, l'Assemblée nationale a adoptée la loi 140 modifiant la Charte des droits et libertés de la personne. Cette loi crée le Tribunal québécois de la personne. Il est prévu que ce tribunal sera opérationnel au printemps 1990.

Les conséquences exactes de la création de ce tribunal sont imprévisibles à ce jour. Toutefois la Commission des droits de la personne devra inévitablement réorienter son mandat.

Le Groupe d'aide suivra de près ce dossier.

CHAPITRE 7

LA CHARTE DES DROITS ET LIBERTÉS DE LA PERSONNE DU QUÉBEC

La Charte des droits et libertés de la personne du Québec est une loi qui prohibe explicitement le harcèlement sexuel, aux articles 10 et 10.1.

ARTICLE 10
Toute personne a droit à la reconnaissance et à l'exercice en pleine égalité, des droits et libertés de la personne, sans distinction, exclusion ou préférence fondée sur [...] le sexe, [...]. Il y a discrimination lorsqu'une telle distinction, exclusion ou préférence a pour effet de détruire ou de compromettre ce droit.

ARTICLE 10.1
Nul ne doit harceler une personne en raison de l'un des motifs visés dans l'article 10.

La Charte s'applique aux rapports de droit entre les individus; ainsi qu'entre les individus et les personnes morales, soit les compagnies québécoises.

Le droit à un environnement de travail exempt de cette forme de discrimination que constitue le harcèlement sexuel, est spécifié à l'article 16.

ARTICLE 16
Nul ne peut exercer de discrimination dans l'embauche, l'apprentissage, la durée de la période de probation, la formation professionnelle, la promotion, la mutation, le déplacement, la mise à pied, la suspension, le renvoi ou les conditions de travail d'une personne, ainsi que dans l'établissement de catégories ou de classification d'emploi.

Différents types de recours fondés sur la Charte sont possibles devant les tribunaux de droit commun. La Charte prévoit également que la Commission des droits de la personne du Québec peut recevoir des plaintes de discrimination et faire enquête. Ces démarches devant la Commission sont plus accessibles que celles devant les tribunaux de droit commun. Il convient donc de s'y attarder.

La Commission des droits de la personne est un organisme gouvernemental qui fut créé en 1975 en vertu de la Charte des droits et libertés de la personne du Québec.

Un des mandats de la Commission est de recevoir les plaintes de discrimination et de faire enquête. La Commission est vouée à la promotion des droits de la personne lorsqu'elle exerce ses devoirs d'éducation ou lorsqu'elle poursuit un harceleur devant le tribunal civil. Cependant, lorsqu'il est question d'enquêter sur une plainte, elle n'est pas là pour défendre mais bien pour juger s'il y a ou non discrimination.

Cette nuance est importante à faire car plusieurs femmes ont été fort déçues, et pour cause, parce qu'elles avaient cru que la Commission allait les défendre et les représenter. C'est pourquoi il est si important d'aller chercher un appui moral et/ou technique en dehors de la Commission.

Depuis 1981, le Groupe d'aide a assisté plus de soixante femmes qui avaient porté leur dossier de harcèlement sexuel au travail devant la Commission. Le Groupe d'aide offre une aide dans les différentes démarches à entreprendre.

Voici les étapes à franchir pour porter plainte à la Commission des droits de la personne du Québec.

SECTION - I
PROCESSUS D'ENQUÊTE

A - La demande d'enquête

Lorsqu'une femme décide de déposer une plainte à la Commission, elle peut agir seule, avec l'appui d'un groupe de défense des droits, comme le Groupe d'aide et/ou avec une avocate.

Il est alors important de respecter ce qu'on appelle *la prescription du recours*. Il s'agit du laps de temps dont elle dispose, en vertu de la loi, pour intenter une action ou porter plainte. Ce laps de temps varie selon le type de dommages qu'elle allègue. Dans la majorité des cas, elle profite d'un délai de deux ans à partir des actes discriminatoires pour déposer son action ou sa plainte. S'il s'agit de blessures corporelles, le délai est d'un an.

Par ailleurs, elle peut décider de mettre en cause le harceleur, son employeur ou les deux. Il est à noter que la solvabilité de l'employeur, c'est-à-dire sa capacité de payer un dédommagement, est généralement plus sûre que celle du harceleur.

La première démarche à effectuer est de se rendre à la Commission pour obtenir un formulaire. La femme rencontre d'abord une agente de recevabilité qui lui indique comment remplir cette demande d'enquête. Il est suggéré de rapporter ce formulaire chez soi ou au bureau du Groupe d'aide pour le remplir en toute tranquillité. Ce formulaire est en fait un questionnaire. Il est très long à remplir et très détaillé. Il faut être prudente au niveau de la formulation des réponses car on y fera référence tout au long du mécanisme d'enquête.

Puis, elle doit retourner le formulaire à la Commission. C'est ce premier pas qui déclenche le processus d'intervention.

Si elle envoie le formulaire par la poste, il faut utiliser le courrier certifié ou recommandé pour avoir une preuve de l'envoi. Il faut prendre bien soin d'indiquer que le dossier est CONFIDENTIEL dans sa totalité.

Cette demande d'enquête peut également être faite par un groupe de défense des droits, comme le Groupe d'aide, au nom de la femme et avec son consentement écrit.

B - La recevabilité de la plainte

L'agente de recevabilité étudie la demande afin de décider si celle-ci est «recevable» ou non. L'agente s'assure que la femme allègue une atteinte à un droit effectivement reconnu par la Charte des droits et libertés de la personne. Ce qui est le cas si la demande d'enquête porte sur le harcèlement sexuel (article 10.1 de la Charte). L'agente s'assure aussi que la femme est bien la personne qui subit ce harcèlement et non une amie ou une camarade de travail. C'est ce qu'on appelle en langage juridique, *avoir l'intérêt suffisant.*

Enfin, l'agente vérifie si la Commission est l'organisme compétent pour mener l'enquête. Pour cela, il faut travailler pour une entreprise de compétence provinciale ce qui est le cas de la très grande majorité des entreprises au Québec.

Si la demande est jugée recevable, elle est transmise à un enquêteur.

C - L'enquête

i) L'échange d'information

Tout d'abord, l'enquêteur informe les parties, qu'en tout temps, ils peuvent tenter de régler leur différend à l'amiable en utilisant son aide comme médiateur.

Puis, cette étape de l'enquête se résume à un échange d'informations transmises par courrier, même si bien souvent la femme voudrait que l'enquêteur vienne sur les lieux de son travail. On lui demande, ainsi qu'au harceleur et/ou à l'employeur, sa version des faits par écrit. Toutes les parties impliquées reçoivent un résumé de la version de chaque personne et ont l'occasion de répondre aux allégations de l'autre.

À la suite de l'échange d'informations, la femme est habituellement convoquée à ce que la Commission appelle *une conférence préparatoire*.

ii) La conférence préparatoire

C'est la première fois que toutes les personnes impliquées dans le dossier sont réunies, le harceleur y compris. Il est donc préférable d'être accompagnée.

Lors de cette rencontre, l'enquêteur indique comment il entend procéder pour les auditions, soit pour l'étape suivante du processus de l'enquête.

Il peut y avoir une visite de la salle où se dérouleront les auditions, un échange de listes de témoins et d'informations non déjà communiquées. Il faut s'assurer qu'on est bien en possession des mêmes éléments, des mêmes documents que l'autre partie afin d'être, au départ, sur un pied d'égalité.

Bien souvent, comme toutes les parties se retrouvent réunies, il y a une tentative de discussion pouvant mener à un règlement à l'amiable. Encore là, il est préférable de ne pas prendre de décision précipitée, mais plutôt de demander un délai de vingt-quatre heures pour réfléchir à la proposition.

À la suite de la conférence préparatoire, si aucun règlement n'est intervenu, on passera à l'étape des auditions.

iii) Les auditions

L'étape des auditions ressemble très souvent à un procès devant un tribunal. Il faut bien s'y préparer. L'enquêteur les préside et analyse la preuve soumise par les parties.

Ce dernier et chacune des parties peuvent alors interroger les personnes impliquées, la personne harcelée et les témoins. Cette étape peut être plus ou moins longue selon la complexité de la cause et le nombre de témoins à entendre.

Les auditions doivent, selon la loi, être publiques, c'est-à-dire que n'importe quelle personne intéressée peut y assister. Le Groupe d'aide considère qu'il est important qu'il en soit ainsi. De cette façon, le harceleur et/ou l'employeur se voit dans l'obligation de faire face à l'opinion publique. Les entreprises veulent habituellement soigner leur image, elles sont donc plus empressées de régler les problèmes de harcèlement sexuel lorsque le public est mis au courant de la situation des femmes à leur emploi. On peut également ainsi profiter du support moral d'amies et de sympathisantes présentes dans la salle d'audition.

Alors, si la partie adverse demande le huis clos (que les auditions ne soient pas publiques), ce qui arrive fréquemment, il est conseillé d'insister pour qu'elles soient publiques. Le huis clos devrait être exceptionnel, accordé dans de très rares circonstances selon l'article 23 de la Charte des droits et libertés de la personne du Québec .

Lorsque les auditions sont terminées, l'enquêteur fait parvenir aux parties, un rapport qui devrait comprendre tous les faits révélés par l'enquête. À la suite de ce rapport (qui se rapporte aux faits), la femme harcelée peut faire parvenir à l'enquêteur ses commentaires.

Elle recevra également une copie des commentaires de la partie adverse, s'il y en a, mais elle n'a pas de droit de réplique.

Enfin, l'enquêteur rédige son rapport final dans lequel il évalue la preuve et la crédibilité des témoins, et fait ses recommandations à la Commission. Les parties, soit la femme harcelée, le harceleur et/ou l'employeur, n'ont aucun droit d'accès à ce rapport. Il n'est donc pas permis de le commenter.

iv) Le comité des enquêtes

La Commission, représentée par des commissaires nommés par l'Assemblée nationale, étudie le rapport de l'enquêteur. Puis, elle conclue si la partie demanderesse a été, oui ou non, victime de harcèlement sexuel de la part de la ou des parties mises en cause. Le tout, sans jamais les avoir rencontrées! Le sort de la plainte est donc jugé par les Commissaires qui n'ont entendu en aucun temps les parties impliquées.

Si la Commission estime qu'il y a eu du harcèlement sexuel, elle nomme alors une personne, le plus souvent le même enquêteur, qui doit tenter d'amener les parties à s'entendre. Cette étape s'appelle *la médiation*. Toutefois, lorsque les parties ne réussissent pas à s'entendre, l'enquêteur fait un rapport à la Commission, quant à l'échec de la médiation.

La Commission émet alors des recommandations. Ces recommandations peuvent être diverses et recommander soit la cessation des actes discriminatoires, soit la réintégration de la demanderesse dans ses fonctions, soit la remise d'une lettre d'excuses etc. Toutefois, la Commission se contente généralement de recommander le paiement d'une indemnité.

La Commission ne possède qu'un pouvoir de recommandation. Cependant, si les parties mises en cause, le harceleur et/ou l'employeur, ne respectent pas les recommandations des commissaires, la Commission peut les poursuive, en son nom, donc à ses frais, devant un tribunal de droit commun soit à la Cour supérieure ou à la Cour provinciale.

Lorsqu'il s'agit du paiement d'une indemnité, la Commission donne un délai de dix jours aux parties mises en cause. Celles-ci pourront être poursuivies en Cour supérieure si elles ne payent pas dans les dix jours. Mais cette poursuite peut retarder le règlement de dix-huit à quarante-deux mois.

Lorsqu'il s'agit d'une recommandation de ne pas faire, par exemple, de cesser de harceler, la Commission admet elle-même, ne pas procéder à une vérification systématique du respect ou non de sa recommandation.

Si la femme harcelée n'est pas satisfaite de ou des recommandations de la Commission, elle ne dispose malheureusement d'aucun recours pour contester ou pour en appeler de cette décision. Cependant, il est toujours possible de déposer la cause en Cour civile, elle peut même cumuler le recours à la Commission des droits de la personne et le recours en Cour civile.

D - La preuve

La préparation d'un dossier n'est pas une chose simple car les recommandations antérieures rendues par la Commission sont difficilement accessibles. De ce fait, nous sommes moins en mesure d'évaluer les tendances de ces recommandations, sauf pour les dossiers que le Groupe d'aide a marrainés.

Dans ces derniers, le Groupe d'aide a constaté que la Commission exige presque une *preuve hors de tout doute raisonnable* alors qu'elle devrait, selon la loi, se satisfaire d'une *preuve prépondérante*, c'est-à-dire de la preuve qui a le plus de poids. C'est en droit criminel qu'on doit prouver *hors de tout doute raisonnable* la culpabilité d'une personne et non en droit civil. De plus la Commission exige très souvent que le témoignage de la femme harcelée soit corroboré, appuyé par celui d'un témoin.

Quand on sait que le harcèlement sexuel s'exécute presque toujours sans témoin, exiger une telle preuve revient à nier aux femmes le recours que leur reconnaît la Charte des droits et libertés de la personne.

À titre d'exemple des difficultés rencontrées devant la Commission et concernant la preuve, mentionnons le cas édifiant des six travailleuses de la compagnie Sidbec Normines. Elles poursuivaient, devant la Commission, un contremaître qui les harcelait toutes. Les commissaires ont rejeté la plainte, déclarant, dans leur résolution: «la preuve offerte par les plaignantes n'est pas suffisamment forte pour lui accorder une crédibilité prépondérante». La «crédibilité» du contremaître a donc eu plus de poids que celle des six femmes et celle de deux autres témoins femmes.

Dans la même veine, à la lumière de l'expérience du Groupe, on constate que la Commission cherche *l'intention discriminatoire* chez le harceleur. Cela signifie qu'on cherche à savoir si le harceleur agit délibérément dans le but de nuire aux chances d'égalité. Alors que l'article 10 de la Charte ne réfère pas à l'intention mais bien *aux effets*. La Commission devrait se contenter, selon son mandat, de vérifier si les gestes, attitudes, paroles du harceleur, ont pour effet de détruire ou de compromettre les droits garantis par la Charte.

Jusqu'à maintenant, la Commission a donc déçu plusieurs d'entre nous qui ont subi du harcèlement sexuel en ne permettant pas d'obtenir la reconnaissance de leurs droits.

E - Les délais

Comme on peut le constater, le processus d'enquête de la Commission est fort complexe et peut paraître fastidieux. C'est un processus qui est souvent long, il dure en moyenne un an et demi.

F - Les coûts

Déposer une demande d'enquête à la Commission est gratuit. Il faut toutefois prévoir l'achat de notes sténographiques, c'est-à-dire la transcription de tout ce qui est dit lors des auditions. Ces notes sont très utiles, entre autres, pour préparer les commentaires additionnels à la suite du rapport de l'enquêteur. Elles peuvent être aussi fort précieuses dans l'éventualité d'un recours civil. Elles peuvent représenter environ deux cents pages par jour d'audition, à 2,50$ la page...

Par ailleurs, il n'est pas essentiel d'être représentée par une avocate devant la Commission car le rôle de l'enquêteur est plus actif que celui d'un juge. Cependant, dans presque tous les dossiers que le Groupe d'aide a marrainés, le harceleur et/ou l'employeur étaient assistés par un avocat. Alors, agir seule, sans appui, dans un processus complexe et souvent intimidant, peut nuire. Plusieurs femmes décident donc de recourir aux services d'une avocate, ce qui entraîne des coûts supplémentaires.

SECTION - II
CRITIQUE DU PROCESSUS D'ENQUÊTE

Le recours devant la Commission devrait, en principe, permettre aux femmes de se défendre sans avoir à retenir les services d'une avocate, et être moins formel, moins compliqué et plus rapide que les tribunaux civils. Or, de nombreuses lacunes au niveau du processus d'enquête ressortent des pages qui précèdent.

Si une femme décide de faire une demande d'enquête à la Commission, elle doit être consciente que ce sera difficile et qu'il lui faudra beaucoup d'énergie pour tenter d'obtenir une recommandation positive. Toutefois, la Commission demeure souvent le seul recours, le seul choix possible pour celles d'entre nous qui n'ont pas les moyens de se payer une avocate et ne peuvent être éligibles à l'aide juridique. En effet, la Commission demeure plus accessible que les tribunaux de droit commun.

Précisons que lorsqu'on dépose une plainte à la Commission, on ajoute plusieurs atouts à son jeu. En premier lieu, on se donne un outil de négociation avec l'employeur. Celui-ci ayant tout intérêt à ce que tout se règle au plus tôt, pourrait s'avérer plus ouvert à la discussion s'il y a une enquête dans sa compagnie.

En dernier lieu, quand on pose un geste aussi concret que celui de mettre en branle la machine de la Commission, on commence à reprendre le contrôle de sa vie. Et ceci est, en soi, d'une importance capitale.

CHAPITRE 8

LES TRIBUNAUX DE DROIT COMMUN

Outre le droit de déposer une demande d'enquête à la Commission des droits de la personne du Québec, l'article 49 de la Charte québécoise prévoit également différents types de recours qui peuvent être exercés devant les tribunaux de droit commun:

ARTICLE 49

Une atteinte illicite à un droit ou à une liberté reconnu par la présente Charte confère à la victime le droit d'obtenir la cessation de cette atteinte et la réparation du préjudice moral ou matériel qui en résulte. En cas d'atteinte illicite et intentionnelle, le tribunal peut en outre condamner son auteur à des dommages exemplaires. (26)

Il convient d'examiner le processus judiciaire qui se distingue de celui de la Commission.

SECTION - I
PROCESSUS JUDICIAIRE

A - L'action en justice

Lorsqu'une femme décide d'intenter un recours devant un tribunal de droit commun, les services d'une avocate s'avèrent essentiels. En effet, notre système judiciaire est très complexe et nécessite les services d'une spécialiste.

La réclamation pourra être déposée soit en Cour provinciale ou en Cour supérieure. La Cour provinciale a juridiction pour les réclamations n'excédant pas 15 000$; s'il s'agit de réclamations supérieures à ce montant, c'est à la Cour supérieure qu'il faut s'adresser.

Il est important de respecter la prescription du recours et d'intenter l'action dans ces délais.

B - Le règlement hors cour

Les gens poursuivis tenteront peut-être de négocier une entente hors cours, avant qu'il y ait un procès devant le juge. Ils offrent alors un règlement que la femme est libre d'accepter ou de refuser. Cette négociation se fait entre les parties et leurs avocats.

Si elle refuse l'entente ou si aucune tentative de négociation n'a lieu, il y aura alors procès devant juge.

C - Le procès

Lors du procès, les parties sont appelées à témoigner et à produire leurs témoins. Elles sont interrogées par leur avocat et contre-interrogées par la partie adverse. Il est donc très important de relire la déclaration à plusieurs reprises avant le procès pour se remémorer l'ensemble des faits.

Au terme de l'enquête, les avocats présentent leur argumentation en droit.

Le juge prononce ensuite *le jugement sur le banc*, c'est-à-dire la journée même, ou encore, il délibère et communique sa décision plus tard.

Si la femme n'est pas satisfaite avec sa décision, elle peut en appeler devant la Cour d'appel. Il va sans dire que cela entraîne alors des délais et des coûts supplémentaires.

D - La preuve

En intentant un procès devant les tribunaux de droit commun, basé sur la Charte, une femme a à prouver qu'elle a été harcelée et que ce harcèlement a eu pour effet de compromettre ses droits.

De plus, et selon le type de recours, elle doit démontrer l'existence du préjudice moral ou matériel qui en résulte.

Contrairement à la Commission des droits de la personne du Québec, les tribunaux de droit commun exigent simplement une *prépondérance de preuve* de la part de la partie demanderesse avant de se déclarer convaincus de l'existence de harcèlement sexuel au travail.

À cet égard, nous espérons que la Commission révisera sa position dans un proche avenir.

E - Les délais

Les délais qui s'écouleront entre le dépôt de l'action en justice et le prononcé de la décision peuvent varier entre dix-huit et quarante-deux mois. C'est une période d'attente qui peut paraître très longue lorsque la vie est d'une certaine façon *mise en suspens* dans l'attente d'un jugement. Évidemment, si l'une des parties décide d'aller en appel, les délais seront encore prolongés. Mentionnons à titre d'exemple, la cause de madame Bonnie Robichaud qui s'est échelonnée sur sept ans et qui est allée jusqu'en Cour Suprême. Mais elle a gagné! Alors armons-nous de patience.

F - Les coûts

Un recours au tribunal n'est pas à la portée de toutes les bourses. Il y a d'abord les honoraires de l'avocate à payer, le timbre judiciaire — ce sont les frais relatifs l'administration du dossier à la Cour —, le tout sans garantie de gagner la cause.

Et même, si la femme réussit à obtenir un dédommagement, il faut aussi savoir que jusqu'à maintenant, les règlements octroyés ont été plutôt faibles. En effet, les seuls dédommagements globaux alloués à cette date (1987), sont de 3 000$ et de 5 300$.

Et, aussi paradoxal que cela puisse paraître, si la femmes est économiquement défavorisée et donc éligible à l'aide juridique, la situation n'est guère plus avantageuse. Selon le bureau d'Aide juridique avec lequel nous avons fait affaire, elle pourrait avoir à rembourser les services rendus si elle gagne un quelconque montant d'argent en Cour. La pratique varie d'un bureau à l'autre quant aux situations où l'on exigera un remboursement et la somme qu'on demandera. Les critères d'éligibilité à l'Aide juridique se trouvent en annexe à la fin du livre. Il est à noter que si une femme est éligible, elle peut faire une demande d'aide juridique pour tous les recours mentionnés.

SECTION - II
CRITIQUE DU SYSTÈME JUDICIAIRE

Outre les coûts et les délais, un autre élément négatif qui se rattache à une action en justice, c'est l'impuissance que plusieurs ressentent lorsqu'elles remettent leur dossier entre les mains de l'appareil judiciaire. À moins de posséder des connaissances en droit, elles dépendront de plusieurs intervenantes, elles seront beaucoup moins maîtresses de leur destinée, ou du moins, elles en auront l'impression.

Il convient toutefois de préciser un des principaux avantages des recours devant les tribunaux de droit commun, soit le fait que le tribunal rend une décision exécutoire, contrairement à la Commission des droits de la personne qui ne possède qu'un pouvoir de recommandation. Par exemple, certains biens du harceleur et/ou de l'employeur pourront être saisis et vendus aux enchères s'il ne respecte pas une décision lui ordonnant de payer une indemnité.

Autre avantage, non négligeable, cette décision fera *jurisprudence*. Cela signifie, en langage juridique, que toutes les femmes harcelées qui entamerons des poursuites devant les tribunaux pourront invoquer les décisions ayant conclu à la responsabilité du harceleur et/ou de l'employeur dans d'autres dossiers. Ainsi, recourir aux tribunaux de droit commun contribue à l'avancement du droit dans le domaine du harcèlement sexuel au travail. Et, par le fait même, cela apporte une aide directe et concrète à toutes celles d'entre nous qui sont aux prises avec ce problème.

Au Québec, le Code civil régit les rapports de droit entre les individus et stipule que:

ARTICLE 1053
Toute personne capable de discerner le bien du mal, est responsable du dommage causé par sa faute à autrui, soit par son fait, soit par son imprudence, négligence, ou inhabilité.

Ceci signifie qu'un harceleur peut être tenu responsable par un juge, des dommages: perte d'estime de soi, stress, migraine, ulcères d'estomac, perte d'emploi, perte de salaire, mutation, surcharge de travail, suppression de responsabilités etc. qu'il cause à une autre personne.

Il est alors tenu de dédommager cette personne en lui versant un montant d'argent déterminé par le tribunal. Bien sûr, le harcèlement sexuel est une atteinte à l'intégrité de la personne et un chèque ne peut pas y remédier. Cependant, faute d'un dédommagement plus approprié, une réparation en argent peut être une compensation utile.

Par ailleurs, la responsabilité du harceleur n'est pas la seule dont on doit se préoccuper. L'employeur est aussi responsable, en vertu de l'article 1054, alinéa 7 du Code civil, des dommages causés par ses employés dans le cadre de leur fonction. La responsabilité de l'employeur peut donc également être retenue pour les dommages causés par un harceleur à son service.

Les recours civils en vertu des articles 1053 et 1054 alinéa 7 du Code civil

La femme harcelée peut exercer ces recours civils devant la Cour des petites créances, la Cour Supérieure, ou la Cour provinciale.

SECTION - I
LA COUR DES PETITES CRÉANCES

Si elle a l'intention de réclamer un montant de 1 000$ ou moins, elle peut déposer une plainte à la Cour des petites créances et se défendre elle-même, sans avocate. Avant de déposer sa plainte, elle doit faire parvenir une mise en demeure au harceleur et/ou à son employeur (voir un exemple en annexe).

Si après que le délai se soit écoulé, on n'a pas eu de réponse à sa mise en demeure, il faut s'adresser à la greffière des petites créances, dont les coordonnées apparaissent en annexe. Lorsque la femme harcelée ira voir la greffière, elle doit apporter un résumé des faits et tous les documents pertinents: lettres du harceleur, copie de la mise en demeure et preuve d'envoi, nom et adresse des personnes poursuivies, liste de témoins. On lui indiquera comment préparer son dossier. Des frais de 15$ ou 25$, dépendant du montant de sa réclamation, seront exigibles par ledit bureau. Ensuite, il y aura peut-être *médiation*, c'est-à-dire une rencontre entre elle, les personnes poursuivies et une médiatrice qui tentera de les amener à une entente.

S'il n'y a pas de médiation ou d'entente, le dossier est référé à un juge. Elle sera alors convoquée à une audience. Elle devra à ce moment expliquer au juge toute son histoire, lui montrer ses preuves. Si elle amène des témoins, c'est le juge qui les interrogera. Puis, le jour même ou quelques mois plus tard, le jugement sera rendu.

Le jugement des petites créances est final et *sans appel*. Si la femme perd sa cause, elle ne pourra pas se présenter devant un tribunal supérieur. Les paiements réclamés à la Cour des petites créances ne doivent pas excéder 1 000$. Les dommages causés par le harcèlement sexuel exigent une réparation financière de loin supérieure à ce montant. De plus, les décisions de la Cour des petites créances ne font pas *jurisprudence*.

Nous suggérons donc l'utilisation de la Cour des petites créances seulement dans les cas où il y aurait, entre autres, discrimination et harcèlement au niveau de l'embauche car le montant des dommages généralement octroyé dans ces cas est peu élevé.

Compte tenu de tous ces éléments, il est préférable dans la majorité des cas de s'adresser à la Cour provinciale ou à la Cour supérieure.

SECTION - II
LA COUR PROVINCIALE
ET LA COUR SUPÉRIEURE

Les informations relatives aux recours devant les tribunaux de droit commun, que nous avons présentées précédemment, s'appliquent dans cette section, exception faite de la preuve qui nécessite certaines précisions.

A - La preuve

Devant le juge, il s'agira de faire *la preuve prépondérante* d'un dommage, c'est-à-dire démontrer que la partie demanderesse a été personnellement affectée, physiquement et/ou mentalement.

Il faudra également faire la preuve d'une faute ce qui signifie qu'il faudra démontrer l'attitude, les gestes et les paroles discriminatoires qu'elle a subis. Le harceleur agissant le plus souvent sans témoin, cette preuve pourra être difficile à faire.

Et, finalement, il faudra démontrer au tribunal qu'il y a un lien entre la faute commise et le dommage subi. Autrement dit, il faudra prouver que le dommage subi a été causé par les comportements discriminatoires du harceleur et/ou de l'employeur. Par exemple, la femme harcelée a perdu son emploi parce qu'elle a refusé les avances de son supérieur et non pour une autre raison légitime que celui-ci essayera probablement d'alléguer: insubordination, incompétence, manque de travail etc.

CHAPITRE 9

LOI CANADIENNE DES DROITS
DE LA PERSONNE

La Loi canadienne des droits de la personne prévoit un recours pour les travailleuses qui occupent un emploi au sein d'une entreprise de compétence fédérale (comme les banques, les entreprises de transport interprovincial, la fonction publique fédérale, les postes, les ports, les postes de radio et de télévision, les aéroports etc.). Cette Loi contient, elle aussi, une disposition claire qui interdit le harcèlement sexuel:

ARTICLE 13,1
(1) constitue un acte discriminatoire le fait de harceler un individu

c) en matière d'emploi pour un motif de distinction illicite (dont le sexe: art. 3(1)).

(2) pour l'application du paragraphe (1) et sans qu'en soit limitée la portée générale, le harcèlement sexuel est réputé être un harcèlement fondé sur un motif de distinction illicite.

La Commission canadienne des droits de la personne reçoit les plaintes basées sur la Loi canadienne des droits de la personne. Nous allons brièvement expliquer le processus d'enquête qui ressemble, dans ses technicalités, à celui de la Commission des droits de la personne du Québec. Puis, nous allons exposer les différences fondamentales qui distinguent ces deux organismes.

A - Dépôt d'une plainte

Pour déposer une plainte à la Commission canadienne, on doit remplir un formulaire que l'on peut obtenir en s'adressant directement à la Commission. En vertu de la Loi canadienne des droits de la personne, article 33 b) IV, on dispose d'un délai d'un an à compter des derniers actes de discrimination allégués, pour déposer une plainte devant la Commission canadienne. Ici aussi, on peut agir seule ou avec une avocate. On peut mettre en cause le harceleur et/ou l'employeur.

Depuis le jugement de la Cour suprême du Canada dans la cause de Bonnie Robichaud contre le ministère de la Défense nationale, il est admis que l'employeur peut être tenu responsable du harcèlement sexuel commis par un de ses employés.

Lorsque madame Robichaud a intenté son recours, aucun article de la Loi canadienne ne reconnaissait expressément cette responsabilité. Aujourd'hui, en plus de ce jugement de la Cour suprême du Canada, la Loi canadienne des droits de la personne a été amendée à ce sujet. Son article 48 (5) (6) stipule clairement que l'employeur est responsable du harcèlement sexuel causé par ses employés. Le jugement de la Cour suprême et cet article de loi sont des outils de dissuasion très importants contre l'inertie des employeurs dans les entreprises fédérales.

B - La recevabilité de la plainte

Après le dépôt de la plainte, la Commission vérifiera si celle-ci est *recevable*. Si elle ne l'est pas, elle en donnera les raisons par écrit.

C - L'enquête

Si la plainte est recevable, la Commission nommera un enquêteur. Celui-ci demandera aux parties en cause — la plaignante, le harceleur et/ou l'employeur — de lui faire parvenir par écrit leurs versions des faits, qui seront ensuite communiquées à toutes les personnes impliquées. La Commission demandera aussi à chaque partie de fournir ses preuves et les noms de ses témoins.

D - Le rapport aux commissaires

L'enquêteur fera ensuite son rapport aux commissaires. Si le harceleur et/ou l'employeur ont proposé un règlement, il sera soumis à l'approbation des commissaires dans ce dit rapport. L'enquêteur soumet aussi ses propositions quant à la façon de régler le litige On peut également adresser par écrit, ses propres commentaires aux commissaires.

La Commission, représentée par les commissaires, étudiera le rapport de l'enquêteur et pourra décider de:

— rejeter la plainte;
— approuver le règlement sur lequel, les parties se sont entendues, s'il y a lieu;
— envoyer le dossier devant une conciliatrice parce que la plainte est jugée fondée mais qu'aucun règlement n'a été proposé ou accepté.

La conciliatrice nommée ne peut pas être la même personne que l'enquêteur ou l'enquêtrice, et ce, en vertu de la Loi canadienne des droits de la personne. Elle ne recommencera pas l'enquête mais tentera plutôt d'aider les parties à s'entendre sur un règlement.

Si un règlement est convenu, les commissaires devront l'approuver pour qu'il se concrétise. Encore ici nous vous rappelons que cette entente doit satisfaire les parties et que rien ni personne ne peut les obliger à l'accepter.

E - Le tribunal des droits de la personne

Si toutes les étapes précédentes ont mené à un échec et que la Commission a jugé la plainte fondée, la Commission référera le dossier à un tribunal des droits de la personne. Ce tribunal peut être formé de une ou de trois personnes. La Commission comparaît, devant le tribunal au nom de la partie demanderesse et fournit généralement les services d'une de ses avocates.

Le tribunal procède à peu près comme un tribunal conventionnel, soit en interrogeant les témoins et en examinant les faits et la preuve. Il pourra juger qu'il y a eu discrimination ou non, suite à des audiences qui doivent être publiques (le huis-clos étant exceptionnel). Puis, il rend une ordonnance.

Suite à ce recours au tribunal, les parties impliquées peuvent aller en appel si elles ne sont pas satisfaites de la décision, soit devant un tribunal d'appel des droits de la personne, soit à la Cour d'appel fédérale. Évidemment, tous ces recours s'échelonnent sur plusieurs années et requièrent beaucoup d'énergie et d'argent.

SECTION - II
DIFFÉRENCES ENTRE
LA COMMISSION QUÉBÉCOISE
ET LA COMMISSION CANADIENNE

La Commission canadienne des droits de la personne diffère en plusieurs points de celle du Québec.

— la Commission canadienne a une définition beaucoup plus large du harcèlement sexuel au travail:

Le harcèlement peut être lié à tous les motifs de distinction illicite énoncés dans la Loi. Un tel comportement peut être verbal, physique, délibéré, non sollicité ou importun. Il peut s'agir d'un incident isolé ou d'une série d'incidents. Bien que la liste suivante soit incomplète, le harcèlement peut se manifester par: des insultes ou des menaces; des remarques, des plaisanteries, des insinuations ou des propos déplacés sur les vêtements d'une personne, son corps, son âge, sa situation de famille, son origine nationale ou ethnique, sa religion etc.; l'étalage de photographies pornographiques, racistes, offensantes ou humiliantes; des mauvais tours qui peuvent être cause de gêne ou d'embarras; des invitations ou des requêtes importunes, qu'elles soient implicites ou explicites ou de l'intimidation; des regards concupiscents ou d'autres gestes; une attitude condescendante ou paternaliste qui porte atteinte à la dignité; des contacts physiques inutiles, comme des attouchements, des caresses, des pincements, des coups; des voies de fait.

— La Commission canadienne doit approuver le règlement proposé à l'étape de l'enquête ou de la conciliation. De ce fait, on évite la signature d'une entente à rabais. En effet, la Commission canadienne s'assurera, avant de l'approuver, que l'entente proposée répare les dommages causés et prévient la discrimination dans l'avenir.

— Toutes les différentes étapes du processus d'enquête sont menées par des intervenantes différentes, contrairement à ce qui se passe à la Commission québécoise. L'enquêteur n'est pas la personne qui mène les auditions du Tribunal des droits de la personne, tout comme les enquêteurs de police ne sont pas les juges au procès. Cela est très important car on évite ainsi que les juges aient déjà une idée préconçue sur les conclusions auxquelles ils parviendront.

— La loi a prévu, pour la Commission canadienne, un processus d'appel, ce qui n'est pas le cas de la Commission québécoise.

— La Commission canadienne a juridiction exclusive pour entendre une plainte. Il n'y a donc pas de cumul de recours possible.

— La dernière différence importante réside dans le fait que le pouvoir du Tribunal n'est pas limité à celui de présenter des recommandations: il a le pouvoir d'ordonner. Si le harceleur et/ou l'employeur ne respecte pas cette ordonnance, ils peuvent être condamnés à payer une amende ou même à purger sa peine en prison.

CHAPITRE 10

LA LOI DES NORMES DU TRAVAIL

La Loi des normes du travail s'applique à toutes les salariées, à l'exception, cependant, des domestiques qui gardent des enfants ou des personnes malades à la maison.

Cette Loi prescrit les normes minimales qu'un employeur est obligé de respecter. Ces normes sont souvent améliorées dans les conventions collectives qui régissent les relations de travail des syndiquées. Si cependant la femme harcelée n'est pas syndiquée, ces normes sont bien souvent le précieux minimum qui lui est garanti.

Dans plusieurs cas de harcèlement sexuel, ces normes minimales sont en effet violées. Mentionnons notamment le non-respect par l'employeur, de l'obligation de donner un préavis de congédiement à la travailleuse et de l'obligation de lui remettre sa paie de vacances (4%).

Le congédiement *sans cause juste et suffisante*, sans bonne raison, est une troisième situation que l'on retrouve trop souvent en matière de harcèlement sexuel. Une femme a, par exemple, refusé les avances de son supérieur et il la congédie en prétextant qu'elle est incompétente, alors qu'elle faisait très bien l'affaire avant cet incident. Ou encore, une femme se plaint à son patron du harcèlement qu'elle subit de la part d'un collègue et on la remercie de ses services parce qu'elle a osé se plaindre.

Pour obtenir réparation de ces préjudices, il faudra s'adresser à la Commission des normes du travail. Même si une femme entreprend un recours devant les tribunaux civils, elle doit réclamer à la Commission des normes ce qui lui est dû en vertu de la Loi des normes du travail. Il convient de s'attarder davantage sur le recours possible lors d'un congédiement.

Congédiement sans cause juste et suffisante

Si une femme croit avoir été congédiée sans juste cause, l'article 124 de la Loi des normes du travail prévoit un recours. Pour pouvoir en profiter, elle doit cependant être non syndiquée et avoir cinq ans de service continu, soit être à l'emploi du même employeur depuis cinq ans. Ceci, malheureusement, limite le nombre de travailleuses qui peuvent se prévaloir de cet article.

Pour déposer une plainte en vertu de la Loi des normes du travail, il faut agir rapidement. En effet, on ne dispose que de trente jours, à partir du congédiement, pour soumettre sa plainte, par écrit, à la Commission des normes.

Encore ici, il est utile d'obtenir le support d'une personne ressource ou d'un groupe ressource — Au Bas de l'Échelle est un organisme qui s'occupe de la défense de tout-e employé-e non syndiqué-e et qui peut l'aider dans ses démarches. On ne doit jamais oublier que l'enquêteur n'est pas là pour défendre les intérêts d'une des parties.

La première étape sera une tentative de conciliation entre la femme et l'employeur, l'enquêteur menant les discussions. Si après trente jours, il n'y a pas d'entente, la femme peut demander qu'on réfère son dossier en arbitrage. Elle a alors besoin des services d'une avocate pour la représenter. Elle doit donc prévoir le paiement de ses honoraires. Il y a aussi des frais pour l'arbitre. Ils seront assumés moitié-moitié par l'employeur et par la plaignante. Ces frais varient, selon la complexité du dossier, entre 800 $ et 1 000 $. Si la femme est une travailleuse domestique qui effectue principalement des travaux ménagers, c'est la Commission qui paiera ces frais.

La femme doit tenter de prouver à l'arbitre qu'elle a été congédiée parce qu'elle a exprimé son non-consentement au harceleur. L'employeur, lui, tentera de prouver qu'il y avait une cause juste et suffisante de congédiement.

L'arbitre rend normalement sa décision dans les quatre-vingt-dix jours qui suivent sa nomination par la Commission des normes. S'il juge que la plaignante a perdu son emploi sans raison valable, il peut ordonner sa réintégration, exiger soit le paiement du salaire qui lui est dû, un dédommagement ou toute autre mesure jugée nécessaire.

Les parties recevront copie de la décision par écrit. Elles ne jouissent malheureusement d'aucun moyen d'en appeler de cette décision devant une autre instance.

CHAPITRE 11

LA LOI DES ACCIDENTS DU TRAVAIL ET DES MALADIES PROFESSIONNELLES

En vertu de la Loi des accidents du travail et des maladies professionnelles, une travailleuse peut bénéficier d'un régime de prestations lorsqu'elle subit un accident sur les lieux de son travail ou lorsqu'elle est atteinte d'une maladie due à son emploi. Ces dernières années, quelques femmes harcelées au travail ont été ainsi indemnisées. Dans ces dossiers, on a reconnu que le stress qui les avait rendues malades était lié à une situation de harcèlement sexuel au travail. On a donc reconnu que ledit harcèlement sexuel pouvait avoir un effet destructeur sur la santé d'une travailleuse, qu'il pouvait être un accident de travail.

Un recours est possible devant la Commission de santé et sécurité au travail, la CSST, pour toutes les travailleuses, syndiquées ou non. Il peut s'avérer utile lorsque le harcèlement sexuel qu'elles subissent a sur leur santé physique et psychologique, des conséquences néfastes et clairement identifiables par un professionnel de la santé.

Le recours à la CSST, pour harcèlement sexuel, est complexe, difficile à prouver et comporte une foule de démarches. Il serait souhaitable de consulter un organisme d'aide aux travailleuses comme l'Union des travailleurs et travailleuses accidenté-e-s de Montréal, l'UTAM, ou la Fédération d'aide aux travailleurs et travailleuses accidenté-e-s, la FATA, pour obtenir de l'aide dans ces démarches. Si la femme est syndiquée, elle peut demander de l'aide à sa déléguée syndicale. Il existe aussi un guide produit par l'Équipe de santé au travail du CLSC Centre-Ville qui s'intitule: *Le droit de refus. Comment dire non! à un travail dangereux.*

Les lignes suivantes donnent une idée de la démarche à suivre pour obtenir des prestations.

A - Visite chez le médecin

La première démarche à entreprendre, après la consultation d'un groupe d'aide, c'est de rendre visite à son médecin. Il est préférable que ce soit un médecin que l'on voit habituellement. Si la femme harcelée ne connaît pas de médecin, elle peut s'informer auprès d'amies pour obtenir une référence.

Lors de la visite chez le médecin, elle doit lui décrire tous les symptômes physiques et psychologiques des malaises dont elle souffre depuis qu'elle subit du harcèlement sexuel. Il faut qu'elle lui dise qu'elle est harcelée sexuellement et qu'elle a décidé de faire une demande à la CSST.

Le médecin peut décider de remplir un formulaire de la CSST. Il faut alors s'assurer que le médecin indique que les problèmes de santé décrits sont liés à l'emploi. Il doit remettre ce formulaire à la patiente. De plus, s'il recommande plus de quatorze jours de congé de maladie, il doit faire parvenir un rapport à la CSST. La patiente reçoit l'équivalent de 100% de son salaire net au cours des deux premières semaines de son invalidité, puis, par la suite, les prestations de la CSST correspondent à 90% de son salaire net.

B - L'arbitrage médical

Si l'employeur est insatisfait du diagnostic du médecin, il peut demander à la femme harcelée de consulter un médecin qu'il aura lui-même choisi. Il a le droit de le faire, mais seulement le droit d'exiger un examen médical. Puis, si son médecin arrive à des conclusions différentes du premier médecin, ce qui est fort probable, il fera une demande d'arbitrage médical. Il a trente jours pour le faire.

Un arbitre-médecin tranchera la question. La Commission devra suivre le diagnostic de l'arbitre et modifier les prestations en conséquence de la décision arbitrale.

C - La révision

La femme harcelée ou son employeur peut contester la décision de l'arbitre dans les 30 jours qui suivent. Il s'agit de faire une demande au bureau de révision paritaire. On révisera le dossier et une décision sera rendue.

D - L'appel

Suite à la décision arbitrale ou suite à la révision, une des deux parties peut, dans les soixante jours, déposer une demande d'appel devant la Commission d'appel en matière de lésions professionnelles, la CALP. On n'est pas obligée d'être représentée par une avocate. Une intervenante d'un groupe d'appui ou une déléguée syndicale peut faire ces représentations. L'appel est entendu par une, deux ou trois personnes. La décision rendue est finale.

CHAPITRE 12

LA LOI SUR L'ASSURANCE-CHÔMAGE.

Avant d'aborder ce chapitre, une remarque préliminaire s'impose. En effet, avant de donner sa démission, il est conseillé, si on en a la possibilité, d'utiliser tous ses journées de maladie payés. Pendant ce congé, on peut consulter un groupe s'occupant de la défense des droits et évaluer les stratégies ou les recours possibles. Ainsi on aura plus de temps pour analyser la situation et prendre une décision. N'oublions pas que lorsqu'on est en chômage, il faut être disponible au travail et être à la recherche d'un emploi. Il se peut qu'on n'ait pas l'énergie de faire des demandes d'emploi, étant excédée, anxieuse et démoralisée. Une période de réflexion, si possible, peut donc être très profitable.

Cependant, on risque, dans bien des cas, de se retrouver finalement au chômage, soit parce qu'on ne peut plus supporter son environnement de travail, soit parce qu'on a été congédiée par un employeur, influencé par le harceleur, et qui croit ainsi éliminer le problème.

On peut alors faire une demande de prestations. Voici quelques informations concernant la demande d'assurance-chômage.

A - Demande de prestations d'assurance-chômage

Il est important d'aller faire tout de suite sa demande d'assurance-chômage après avoir perdu ou quitté son emploi. La demande de prestations se fait par écrit, au centre de main-d'oeuvre de sa région. Les conditions d'admissibilité aux prestations diffèrent en fonction de plusieurs facteurs, tels que le taux de chômage dans la région, les prestations d'assurance-chômage que l'on a reçues au cours de l'année précédente, son état de santé, les accidents de travail, etc.

Lorsque on fait une demande d'assurance-chômage, on doit fournir son relevé d'emploi à la Commission de l'emploi et de l'immigration. L'employeur est obligé, en vertu de la loi de remettre ce relevé à l'employé. S'il refuse de le faire, il faut avertir la Commission, qui s'occupera de le réclamer. Sur ce relevé d'emploi apparaissent les causes du départ. En matière de harcèlement sexuel au travail, les employeurs écrivent souvent départ volontaire ou congédiement pour inconduite. Ceci a pour effet, en vertu de la Loi de l'assurance-chômage, de pénaliser l'employée, qui perd alors pendant plusieurs semaines son droit à des prestations.

En effet, la Loi prévoit de zéro à six semaines d'exclusion lorsqu'il est question d'inconduite ou de départ volontaire. Ces semaines d'exclusion sont comptées après les semaines de carence, soit les deux semaines régulières d'attente, et sont retranchées de la période de prestations. Ceci veut dire que l'employée pourrait devoir patienter huit semaines avant de recevoir de l'argent et voir la durée de ses prestations diminuer.

Comme il serait injuste de lui imposer une pénalité alors qu'elle a quitté son emploi parce qu'elle était harcelée sexuellement, la Commission de l'emploi et de l'immigration s'est dotée d'une politique concernant le harcèlement sexuel au travail. Il est donc important de dire à l'agent du centre de main-d'oeuvre chargé de son dossier qu'on a perdu son emploi à cause du harcèlement sexuel au travail.

L'agent demande alors à la femme de lui raconter les faits pertinents et les démarches qu'elle a entreprises ou non pour porter plainte. Il lui demande de signer une déclaration à cet effet. Puis, s'il le juge nécessaire, il demande à l'employeur sa version des faits.

Mentionnons que tous les renseignements contenus dans le dossier seront accessibles à l'employeur et ce, en vertu de la Loi. L'agent base, en principe, sa décision sur la crédibilité de la femme.

Dans tous les cas où la personne n'avait aucun recours à sa disposition pour faire corriger la situation, on considérera que la personne était justifiée de quitter son emploi. La demande sera accordée sans exclusion [...].

Par ailleurs, si la personne avait des recours à sa disposition, mais n'a rien fait pour remédier à la situation, l'abandon de l'emploi ne serait norma-lement pas justifié et une exclusion sera imposée. Toutefois, chaque cas sera traité selon son mérite. Il est fort possible qu'une personne, bien qu'ayant des recours à sa disposition, ne s'en soit pas servi à cause de contraintes. Sa santé dépérissait, sa vie fa-miliale en était affectée etc. On devra juger également si des circonstances atténuantes existent et s'en servir pour ne pas imposer l'exclusion maximale.

Par ailleurs, chaque dossier étant différent, il ne faut pas hésiter à consulter des intervenants autres que les fonction-naires de la Commission de l'emploi et de l'immigration; Action-Chômage ou tout autre organisme peuvent fournir toutes les informations pertinentes et aider une personne à faire son propre calcul des prestations. On pourra comparer ces résultats avec ceux du fonctionnaire et ainsi contester leur validité, s'il y a lieu.

Les prestations représentent 60% de la rémunération moyenne de la période de référence, c'est-à-dire de la période de temps utilisée pour établir l'admissibilité, soit des

52 semaines précédant la fin de l'emploi. Le calcul se fait à partir du salaire brut. Le maximum des prestations est fixé à 319$ par semaine. Dans le cas d'une travailleuse à pourboires, ceux-ci ne sont pas comptabilisés dans la rémunération moyenne.

Il se peut que la travailleuse ait à patienter plusieurs semaines avant de recevoir son premier chèque. De plus, en chômage, elle doit être disponible à l'emploi et faire des démarches pour trouver du travail. Si elle a des enfants, le centre de main-d'oeuvre pourra exiger d'elle une preuve qu'elle a un service de garde — qu'elle est donc disponible, en tout temps, au travail —, dans l'éventualité où elle trouverait un emploi.

B - Le Conseil arbitral

Si la travailleuse n'est pas d'accord avec la décision de l'agent du centre de main-d'oeuvre, elle peut demander au Conseil arbitral de réviser son dossier. Ce conseil est composé de trois personnes: un représentant des employeurs, un représentant des travailleurs et des travailleuses, une personne choisie sur une liste préparée par le gouvernement.

La travailleuse doit faire cette demande par écrit en précisant les raisons de sa contestation. Elle l'envoie par poste certifiée ou recommandée au Conseil arbitral qui est un tribunal informel, fonctionnant sans serment ni règle de preuve rigide. On peut demander une audience, c'est-à-dire demander à être entendue par ce conseil. Il est parfois plus facile d'expliquer ses motifs verbalement — pourquoi a-t-on quitté son emploi? quelles démarches a-t-on faites? on n'a pas fait de démarches à cause des contraintes etc. — et de démontrer ainsi sa crédibilité. Si on ne demande pas d'audience, on n'est pas assurée d'en obtenir une. Il faut présenter cette demande d'audience en même temps que la demande d'appel.

La décision écrite inclut les motifs sur lesquels elle s'appuie. Le Conseil arbitral peut modifier la décision de l'agent ou être en accord avec celle-ci. Il est utile de contacter un groupe d'Action-Chômage pour être accompagnée et avoir de l'aide pour préparer son dossier.

Il est aussi très important de remplir ses cartes d'assurance-chômage pendant cette période car si l'on gagne en appel, les prestations ne seront versées que pour les semaines où l'on aura rempli ses cartes.

C - Juge-arbitre ou Cour d'appel fédérale

Dans les soixante jours qui suivent le moment où la décision du Conseil arbitral a été rendue, la travailleuse peut faire appel au juge-arbitre ou directement en Cour fédérale d'appel. Le juge-arbitre peut renverser la décision du Conseil arbitral, la réitérer, la modifier ou la renvoyer devant le Conseil arbitral.

Si la travailleuse demande une audition en français, les délais peuvent être de deux à trois ans, alors qu'ils peuvent être de sept à huit mois, si elle en demande une en anglais. Si elle n'a pas la patience ni les moyens d'attendre aussi longtemps, la travailleuse peut aller directement devant la Cour fédérale d'appel. Les délais pour ce recours sont de six mois à deux ans. Elle doit cependant prévoir les services d'une avocate et cela lui occasionnera des frais supplémentaires.

Si elle choisit de faire appel, malgré tout, devant la juge-arbitre, elle peut néanmoins s'adresser à la Cour fédérale d'appel après, si cela s'avère nécessaire.

Avant d'entreprendre un recours, mieux vaut attendre de recevoir le document explicatif de la Commission de l'emploi et de l'immigration. Il faut le lire attentivement, il donne des détails sur les technicalités quant à l'appel d'une décision.

Ces démarches d'appel peuvent sembler fastidieuses et elles le sont. Surtout si la travailleuse les entreprend toutes. Il n'est cependant pas fréquent qu'un employeur conteste une décision de la Commission de l'emploi et de l'immigration quand celle-ci accorde des prestations à une ex-employée.

De plus, si la travailleuse est de bonne foi, si elle a déposé une plainte auprès de son employeur, si elle a fait d'autres démarches qui n'ont rien donné ou si elle s'est abstenue d'en faire en raison des contraintes qu'on exerçait sur elle, la Commission devrait appliquer sa politique concernant le harcèlement sexuel au travail et ne pas lui imposer de semaines d'exclusion.

CHAPITRE 13

LE CODE CANADIEN DU TRAVAIL

Le Code canadien du travail, le CCT, ne s'applique que pour les travailleuses occupant un emploi au sein d'une entreprise de juridiction fédérale comme les banques, les aéroports, la fonction publique fédérale, le Canadien national, Bell Canada etc. L'article 61.8 du CCT stipule que:

ARTICLE 61.8
Tout employé a droit à un emploi exempt de harcèlement sexuel.

Cet article vise aussi bien les travailleuses syndiquées que celles qui ne le sont pas. Pour respecter ce droit, l'employeur doit émettre, «après consultation des employés ou de leurs représentants [art 61.91 (1) CCT]» une déclaration de principe sur le harcèlement sexuel.

Cette déclaration doit contenir et/ou indiquer:

1º une définition du harcèlement sexuel;
2º que l'employeur «veillera, dans toute la mesure du possible, à ce qu'aucun employé ne soit l'objet de harcèlement sexuel»;
3º les mesures disciplinaires que prendra l'employeur contre d'éventuels harceleurs;
4º une procédure pour porter plainte;
5º l'assurance que toute plainte demeurera confidentielle;

Cette déclaration doit également reconnaître:

6º le droit à un emploi exempt de harcèlement sexuel;
7º le droit d'exercer le recours de demande d'enquête à la Commission canadienne des droits de la personne.

L'employeur doit mettre toutes les travailleuses et tous les travailleurs au courant de cette déclaration de principe.

Par conséquent, si on occupe un emploi dans une entreprise de juridiction fédérale, il faut vérifier si une telle déclaration de principe existe et s'informer du mécanisme de plainte qui y est prévu. S'il n'y a pas de déclaration de ce genre dans son milieu de travail, il peut être bon de faire des pressions pour modifier cette situation.

Les travailleuses syndiquées peuvent en parler à leurs représentantes. Elles peuvent aussi demander l'appui du Groupe d'aide si elles en ressentent le besoin.

Pour les non-syndiquées, il faut évaluer la situation avant de décider de l'attitude à adopter. Si la travailleuse a de bonnes relations avec son employeur et si elle a confiance en lui, elle peut lui parler de l'obligation qu'il a, en vertu de l'article 61.9 du Code canadien du travail, d'élaborer une politique concernant le harcèlement sexuel. Si elle a peur des représailles, il ne faut pas hésiter à demander l'appui technique et moral du Groupe d'aide.

Le Code canadien du travail prévoit donc tout un processus pour que les travailleuses puissent si elles le veulent, réagir au harcèlement sexuel. Lorsqu'elles ne sont pas satisfaites des résultats ou de l'efficacité du processus, elles peuvent, en plus, exercer un recours à la Commission canadienne des droits de la personne.

CHAPITRE 14

LES CONVENTIONS COLLECTIVES ET LES POLITIQUES SYNDICALES

Les travailleuses syndiquées ont-elles, de par leur affiliation syndicale, des outils supplémentaires pour lutter contre le harcèlement sexuel au travail? Oui. Au départ, leur droit au travail est protégé. On peut donc plus difficilement les congédier pour des motifs sans valeur. Cependant, les moyens dont elles disposent pour lutter contre le harcèlement sexuel sont encore à l'état embryonnaire, c'est-à-dire peu développés.

Ce chapitre se veut un survol des possibilités d'action au niveau syndical. Si on fait partie d'une association de travailleuses, on peut dans bien des cas, obtenir de l'information en s'adressant à sa centrale syndicale, au comité de la condition féminine ou encore, à son unité locale. Certaines centrales ont même publié des brochures ou des dépliants pour leurs travailleuses.

Précisons que lorsqu'on sent des réticences de la part de son syndicat, que ce soit pour intervenir dans le règlement d'une plainte ou pour mettre sur pied un programme de prévention, on peut toujours faire appel à une intervenante du Groupe d'aide pour obtenir un appui dans ses démarches auprès du syndicat.

A - Évaluation de la situation

Dans un premier temps, il faut essayer d'évaluer la réceptivité des membres et des dirigeant-e-s du syndicat. Quelle a été leur attitude face aux problèmes de harcèlement sexuel précédents, s'il y en a eu? Y a-t-il eu des résistances lorsqu'on a proposé des revendications quant à l'amélioration de la situation des femmes, congés de maternité et de paternité, congés pour les enfants malades etc.? Est-ce que le syndicat a l'habitude de mettre ce genre de revendications à la toute fin de sa liste?

Selon les différents milieux de travail, l'ouverture d'esprit du groupe sera différente. Ainsi, celles qui occupent un emploi non traditionnel risquent de se retrouver avec une grande majorité de collègues masculins qui seront aussi majoritaires au sein du syndicat. Même dans les cas où les membres d'un syndicat sont en majorité des femmes, ce sont souvent les hommes qui s'occupent du syndicat.

Ces hommes seront-ils prêts à régler un problème de harcèlement sexuel ou protégeront-ils leur camarade de travail harceleur? Seront-ils prêts à mettre sur pied un programme de prévention, alors que les personnes qui subissent du harcèlement sexuel sont surtout des femmes?

Malheureusement, plusieurs travailleuses que nous avons rencontrées au Groupe d'aide, n'ont pas reçu d'appui de leur syndicat ou très peu. L'une d'entre elles a même été harcelée par son délégué syndical. Le syndicat sera plus enclin à défendre une femme harcelée par un des patrons. Il hésitera par contre à défendre une camarade de travail contre un autre camarade de travail, considérant alors qu'il s'agit d'un conflit d'intérêt. Pourtant, la travailleuse harcelée mérite le support moral et technique du syndicat tout autant que son camarade harceleur. Il semble donc que les syndicats trouvent moralement plus acceptable de représenter le harceleur au dépens de ses collègues féminines.

Il demeure que le recours au syndicat n'est pas sans issue. Mais, bien souvent, les travailleuses qui y font appel sont des pionnières et doivent se battre pour ouvrir la voie aux autres. C'est pour cela qu'il est fort important que les femmes s'impliquent beaucoup plus au niveau syndical, les «pionnières» se sentiraient moins seules!

Ajoutons ici que si la travailleuse sent trop de réticences dans son unité locale, elle a toujours la possibilité de s'adresser au Comité de la condition féminine de sa centrale syndicale. Elle trouvera là, assurément, une oreille attentive. Elle peut également faire les deux, c'est-à-dire s'adresser à son unité locale et à au Comité de la condition féminine.

Voyons maintenant quels recours ou quels modes de prévention peuvent être utilisés par une travailleuse syndiquée.

B - Les procédures de grief

Pour utiliser la procédure de grief, il faut d'abord qu'une clause prohibant le harcèlement sexuel soit incluse dans la convention collective.

Le délai pour soumettre un grief à l'arbitrage est de six mois «à compter du jour où la cause de l'action a pris naissance», selon l'article 71 du Code du travail du Québec (CTQ). La sentence devrait être rendue dans les quatre-vingt-dix jours qui suivent la nomination d'un arbitre, ou comme prévu dans la convention collective (article 101.5 du CTQ).

La procédure, pour avoir accès à l'arbitrage, varie selon les conventions collectives. Par ailleurs, le syndicat n'est pas obligé de soumettre le grief à l'arbitrage. Il a cependant une obligation de juste représentation, c'est-à-dire qu'il doit soigneusement examiner le dossier avant de décider de ne pas aller en arbitrage. Encore là, s'il s'agit d'un problème entre une syndiquée et un syndiqué les hésitations seront grandes.

Qu'est-ce qu'on peut obtenir à l'aide d'un grief en matière de harcèlement sexuel? Malheureusement, pas grand chose! On ne peut pas demander le congédiement du harceleur, ni son transfert, ni l'imposition d'une sanction disciplinaire...

Toutes ces interventions relèvent du droit de gérance de l'employeur.

On ne peut pas non plus demander une compensation financière pour les dommages subis, cela n'étant pas de la juridiction de l'arbitre, en vertu du Code du travail. La seule demande possible ou la seule sentence que l'on peut obtenir c'est celle d'obliger l'employeur à afficher une politique contre le harcèlement sexuel et/ou à dispenser une formation sur le sujet aux travailleuses et aux travailleurs.

Le grief peut être pertinent dans les cas où le harcèlement prend la forme d'un «empoisonnement du climat de travail», farces à connotation sexuelle, affichage de matériel pornographique, langage sexiste etc. Il peut aussi être utile dans les cas où l'on a subi un changement de conditions de travail, une perte de promotion ou un congédiement abusif.

Mais la réintégration à l'emploi éliminera-t-elle le harcèlement sexuel qui est à la base de tous ces problèmes?

C - Statuts et règlements ou constitution syndicale

Tous les syndicats ont une constitution ou des statuts et règlements. Ceux-ci édictent les buts de l'association et un code de conduite pour ses membres. Il s'agit d'un document dans lequel, selon le Groupe d'aide, devrait être comprise la position du syndicat vis-à-vis du harcèlement sexuel.

Pour le moment, peu de constitutions abordent le sujet. Cependant, petit à petit, cette situation change, soit parce qu'un syndicat a été confronté à un problème de harcèlement sexuel, soit sous la pression des travailleuses.

Si la constitution n'aborde pas ce sujet, il est possible de présenter une proposition en ce sens. Pour que cette proposition soit entérinée, il faudra la faire voter par les membres lors d'une assemblée générale. Il faut préalablement aller chercher des appuis avant l'assemblée, sensibiliser ses collègues, distribuer de l'information, demander l'aide du comité à la condition féminine.

Évidemment, une disposition de ce genre ne sera utile que pour les problèmes entre une syndiquée et un syndiqué et ne sera d'aucun secours si le harceleur est un cadre, un patron ou un client. Que peut contenir cette proposition? Elle peut affirmer que le harcèlement sexuel est un écart de conduite qui ne sera pas toléré par les membres du syndicat, pas plus qu'ils ne tolèrent le comportement des briseurs de grève ou «scabs».

À la suite de cette prise de position claire, on doit prévoir une sanction, soit l'exclusion du membre par le syndicat, ce qui est la mesure disciplinaire la plus sévère qui soit du ressort d'un syndicat. On doit également prévoir un processus de gradation au niveau des sanctions: avertissement verbal au premier écart, avertissement écrit au second, suspension temporaire du syndicat au troisième, et enfin l'exclusion.

Il faut aussi prévoir un mécanisme de traitement des plaintes qui soit équitable. Les deux parties en cause doivent pouvoir être entendues. Le harceleur doit savoir ce qu'on lui reproche et avoir le droit de se défendre. Finalement, on doit prévoir le délai dans lequel le mécanisme de traitement d'une plainte doit être mis en branle.

D - Politiques prohibant le harcèlement sexuel au travail

Conjointement avec l'employeur, le syndicat peut participer à mettre sur pied une politique prohibant le harcèlement sexuel au sein de l'entreprise. Cette politique doit énoncer clairement que ce genre de comportement ne sera pas toléré et prévoir un mécanisme de traitement des plaintes. On peut ainsi inclure un processus de gradation au niveau des sanctions, pour les harceleurs récidivistes.

CHAPITRE 15

LE RECOURS AU CRIMINEL

Il peut arriver que l'escalade du harcèlement sexuel se rende jusqu'aux voies de fait, voire même jusqu'au viol. Si tel est le cas, il faut absolument chercher de l'aide dans un Centre pour victimes d'agression à caractère sexuel.

En cas d'agression physique, la travailleuse peut utiliser tous les recours déjà mentionnés précédemment pour obtenir un dédommagement, la cessation des actes de harcèlement, un transfert de poste etc. Parallèlement, elle peut aussi faire une plainte au criminel.

Le droit criminel a pour but de réprimer les comportements fautifs en imposant une punition. Dans le cas d'une agression, généralement, la punition est l'emprisonnement.

Si une femme agressée physiquement décide de porter une plainte au Criminel, ce n'est pas elle qui sera la plaignante mais la société, l'État. C'est en effet un procureur de la Couronne, avocat de l'État, qui décidera s'il y a assez de preuves pour entreprendre des poursuites contre l'agresseur. Si ledit procureur décide que la preuve est suffisante, c'est la Couronne qui devient partie plaignante. La travailleuse agressée n'est que le témoin principal de la cause.

Il faut savoir que le processus criminel est long et pénible. En tant que témoin, la femme aura à raconter les événements dans les moindres détails, à maintes personnes et à maintes reprises.

Le procureur de la Couronne devra faire la preuve *hors de tout doute raisonnable* qu'elle dit la vérité, afin de faire condamner l'agresseur. Ceci signifie que si la juge ou le jury possède le moindre doute, l'accusé sera acquitté.

Il ne faut pas vivre cette expérience seule. Il faut aller chercher le support moral et technique d'intervenantes sociales.

UN DERNIER MOT...

Pendant longtemps, nous, les femmes, nous n'avons rien dit du harcèlement sexuel au travail, nous avons laissé passer sous silence ces abus et avons souffert seules de culpabilité, nous avons été accusées d'incompétence et ridiculisées. Les quelques rares qui osaient se plaindre n'étaient pas prises au sérieux et se voyaient traitées avec mépris.

Aujourd'hui, notre attitude a changé, nous sommes de plus en plus nombreuses à nous battre pour faire valoir nos droits et il devient difficile pour les entreprises d'ignorer le problème du harcèlement sexuel au travail. Ces dernières réalisent les conséquences graves qu'engendre l'inaction lorsqu'elles sont confrontées à de telles situations. Ainsi, plusieurs d'entre elles considèrent désormais que le harcèlement sexuel au travail n'est pas un problème personnel mais bien un problème de personnel.

Cependant, nous ne devons pas baisser les bras. Les acquis sont minces et les harceleurs, encore trop nombreux dans nos milieux de travail. Seules des prises de position fermes et la solidarité entre les femmes nous permettent d'espérer qu'un jour, plus aucune d'entre nous ne subira cette forme de discrimination et d'abus de pouvoir.

Ce guide se veut un point de départ. Le début d'une histoire de femmes qui ne veulent plus se contenter de supporter en silence. Plus rien ni personne ne pourront faire changer cette attitude.

ANNEXE 1
BARÈMES DE L'AIDE JURIDIQUE

Les revenus bruts hebdomadaires permettant d'avoir accès à l'aide juridique sont très bas:

Dépendants	0	1	2	3	4	5
Personne seule	170$	210$	230$	245$	260$	280$
Couple		210$	230$	245$	260$	280$	300$

Ces barèmes sont sujets à changement.

Renseignez-vous auprès de votre bureau local ou à la Commission des services juridiques.

ANNEXE 2
EXEMPLE DE MISE EN DEMEURE

(Nom du harceleur)   (date)
(adresse: domicile ou bureau) «sous toutes réserves»

Monsieur,

Bien que je vous aie clairement fait comprendre que les attentions à caractère sexuel que vous avez à mon égard m'importunent, vous n'avez en aucune façon cessé de me harceler. Je tiens à vous réaffirmer que vos agissements me rendent mal à l'aise, me stressent et affectent mon rendement.

Je vous mets en demeure de corriger la situation en cessant immédiatement vos agissements intolérables, dès la réception de la présente. À défaut de cela, je me verrai dans l'obligation d'intenter des procédures judiciaires contre vous, et ce, sans aucun autre avis ni délai.

Signature
Lieu de travail
No de téléphone.

N.B. *Ne pas oublier d'envoyer toute mise en demeure par courrier recommandé et d'en garder une copie.*

ANNEXE 3
LISTE D'ORGANISMES
QUI PEUVENT S'AVÉRER UTILES

Action-Travail des femmes
808, Mont-Royal
Montréal H2J 1X1
Tél.:527-4501

Au bas de l'échelle
6839 A, rue Drolet, bureau 305
Montréal H2S 2T1
Tél.: 270-7878
S'occupe de la défense de tout-e employé-e non-syndiqué-e.

Association des gens à pourboire
Tél.: 598-2358
S'occupe de la défense du personnel de restaurant devant la Commission des normes du travail, ainsi que des personnes poursuivies par le fisc, relativement à leurs pourboires.

Association de la défense des droits des assistés sociaux
4540, rue Chabot
Montréal H2H 1Y3
Tél.: 521-1602

Association du personnel domestique
5309, rue Brébeuf
Montréal H2J 3L8

Commission canadienne des droits de la personne
1253, McGill College, suite 330
Montréal H3B 2Y5
Tél.: 283-5218

Commission d'accès à l'information
800, boul. de Maisonneuve est
bureau 1100
Montréal H2L 4L8

Commission des droits de la personne du Québec
360, rue St-Jacques
Montréal H2Y 1P5
Tél.: 873-7618

Commission de la santé et de la sécurité au travail (CSST)
Renseignements généraux: 1-514-668-7400

Commission des normes du travail (CNT)
Renseignements généraux: 1-514-873-7061

Commission des services juridiques
2, Complexe Desjardins
Montréal
Tél.: 873-3562 *Pour tout renseignement sur l'aide juridique.*

**Fonds d'aide aux travailleurs
et aux travailleuses accidenté-e-s (FATA)**
6839 A, rue Drolet
Montréal H2S 2T1
Tél.: 271-0901

Mouvement Action-Chômage
6839 A, rue Drolet
Montréal H2S 2T1
Tél.: 271-4099

**Union des travailleurs et des travailleuses
accidenté-e-s de Montréal (UTAM)**
4058, Parthenais
Montréal H2K 3T9
Tél.: 527-3661

**Les Comités de condition féminine
des centrales syndicales**
Centrale des enseignant-e-s du Québec (CEQ)
1415, Jarry est
Montréal H2E 1A7
Tél.: 374-6660
Confédération des syndicats nationaux (CSN)
1601, de Lorimier
Montréal H2K 4M5
Tél.: 598-2109
Fédération des travailleuses et travailleurs du Québec (FTQ)
2100, rue Papineau, 4e étage
Montréal H2K 4J4
Tél.: 527-8533

Vous pouvez aussi contacter le
Centre local de services communautaires (CLSC)
de votre région.

NOTES

1. Conseil du patronat du Québec, *Le Harcèlement sexuel en milieu de travail: énoncé de position*, Montréal, 1982, p. 2-3.
2. Commission des droits de la personne du Québec.
3. Catherine A. Mackinnon, *Sexual Harassment of Work Women*, Yale University Press, 1979, p. 32.
4. Dominique Savoie, «Le Harcèlement sexuel au travail: aspects historiques», texte de conférence, 1986, p. 2.
5. Le collectif Clio, *L'histoire des femmes au Québec depuis quatre siècles*, Montréal, Quinze, 1982, p. 361.
6. Dominique Savoie , *op. cit.*, p. 7.
7. Claire, Safran, «What Men do to Women on the Job: A Shocking Look at Sexual Harassment», *Redbook Magazine*, novembre 1976, p. 149, 217, 223.
8. Lise, Moisan, «Les Dessous du 9 à 5, suite et fin?», *La vie en rose*, septembre-octobre 1982, p. 16-17, 70-71.
9. Commission canadienne des droits de la personne, «Attentions sexuelles non sollicitées et harcèlement sexuel», rapport sur les résultats d'un sondage mené auprès des Canadiens, Ottawa, CCDP, 1983, p. 3.
10. *Ibid*, p. 6.
11. Dominique, Savoie, «Le Harcèlement sexuel au travail et les femmes québécoises», thèse de maîtrise (Relations industrielles), Université de Montréal, p. 229.
12. «La Riposte des femmes», revue *Avenir*, janvier 1988, vol. 2, no. 2, p. 12.
13. Comité de la condition féminine de la CSN, *La Sainte Paix! Pour éliminer le harcèlement sexuel au travail*, Montréal, CSN, p. 14.
14. «La Riposte des femmes», *op. cit.*, p. 11.
15. *Ibid.*

BIBLIOGRAPHIE

LIVRES

AGGARWAL, Arjun P., *Sexual Harassment at the Work Place*, Toronto, Butterworths, 1987, 230 pages.

ALLIANCE AGAINST SEXUAL COERCION, *Fighting Sexual Harassment*, Boston, Alyson Publications Inc. & Alliance against Sexual Coercion, 1981, 92 pages.

BACKHOUSE, Constance et Leah COHEN, *The Secret Oppression*, Toronto, MacMillan, 1978, 208 pages.

BROWNMILLER, Susan, *Le Viol*, Montréal, Nouvelles Éditions de Poche, collection Opuscule, 1976, 568 pages.

LE COLLECTIF CLIO, *L'Histoire des femmes au Québec depuis quatre siècles*, Montréal, Quinze, 1982, 524 pages.

DAVID, Hélène, *Femmes et emploi: le défi de l'égalité*, Montréal, Presses de l'Université du Québec, 1986, 477 pages.

DORAIS, Michel, *La Sexualité plurielle*, Montréal, Prétexte, 1982, 101 pages.

DZIECH, Billie Wright et Linda WEINER, *The Lecherous Professor*, Boston, Beacon Press, 1984, 219 pages.

GAGNON, Robert P., *Droit du travail, droit public et administratif*, Cowansville, Éditions Yvon Blain, 291 pages.

GELDOF, B., *Is that it?*, Harmondsworth, Penguin Books, 1986, 443 pages.

HUSTON, Nancy, *Mosaïque de la pornographie*, Paris, Denoël, 1982, 221 pages.

LEDERER, Laura, (sous sa direction), *L'Envers de la nuit*, Montréal, Remue-Ménage, 1983, 405 pages.

MACKINNON, Catherine, *Sexual Harassment of Working Women*, New Haven, Yale University Press, 1974, 312 pages.

NEMIROF, Greta H., (sous sa direction), *Women and Men, Interdisciplinary Readings on Gender*, Montréal, Fitzhenry & Whiteside, 1987, 556 pages.

ARTICLES DE REVUE

MOISAN, Lise, "Les Dessous du 9 à 5, suite et fin?", *La Vie en rose*, septembre-octobre 1982, p. 16-17, 70-71.

SAFRAN, Claire, "What Men do to Women on the Job: A Shocking Look at Sexual Harassment", *Redbook Magazine*, novembre 1976, p. 149, 217-223.

YWCA, "Les Dessous du 9 à 5", *La Vie en rose*, décembre-janvier-février, 1981-82, p. 35-38.

DOCUMENTS

AU BAS DE L'ÉCHELLE, *Quand on n'est pas syndiqués/es, quels sont nos droits?*, Montréal, Au bas de l'échelle, 1985, 37 ppages.

CENTRALE DE L'ENSEIGNEMENT DU QUÉBEC, *Harcèlement sexiste, harcèlement sexuel, agression sexuelle à l'endroit des étudiantes du primaire et du secondaire*, Montréal, Communications/CEQ, 1985, 47 pages.

COLLECTIF DES FEMMES DE SIDBEC NORMINES ET SIDBEC NORMINES, CDPQ, Q-CN 01, 700-1 à Q-CN 01, 705-1, résolutions Com-230.8.1.4, Com-236-8.1.15, 10 mai 1985.

COMMISSION CANADIENNE DES DROITS DE LA PERSONNE, *Suite à votre plainte*, mars 1984.

COMITÉ DE LA CONDITION FÉMININE DE LA CEQ, *Le Harcèlement sexuel: vues de l'intérieur*, Montréal, Communications/CEQ, 1985, 31 pages.

COMITÉ DE LA CONDITION FÉMININE DU SCFP (FTQ), *Le Harcèlement sexuel*, Montréal, SCFP (FTQ), 1982, 35 pages.

COMITÉ DE LA CONDITION FÉMININE CSN, *La Sainte Paix! Pour éliminer le harcèlement sexuel au travail*, Montréal, CSN, 1986, 72 pages.

COMMISSION CANADIENNE DES DROITS DE LA PERSONNE, *Attentions sexuelles non sollicitées et harcèlement sexuel: résultats d'un sondage auprès des Canadiens*, Ottawa, CCDP, 1983, 26 pages.

CONSEIL DU PATRONAT DU QUÉBEC, *Le Harcèlement sexuel en milieu de travail: énoncé de position*, Montréal, 1982, 5 pages.

DOYON, Louise, *Étude de certaines questions de droit relatives à l'exercice d'un recours fondé sur le harcèlement sexuel au travail*, Montréal, département des Sciences juridiques de l'UQAM, 1984, 41 pages.

EMPLOI ET ÉMIGRATION CANADA, *Politique des prestations*, circulaire no 82-9, 1982, 9 pages.

ÉQUIPE SANTÉ AU TRAVAIL CLSC CENTRE-VILLE, *Le droit de refus. Comment dire non! à un travail dangereux*, Montréal, mars 1987.

LA RIPOSTE DES FEMMES, *On apprend à être victime, on peut le désapprendre*, Montréal, La riposte des femmes & YWCA, 1984, 46 pages.

SAVOIE, Dominique, «Le Harcèlement sexuel au travail: aspects historiques», texte d'une conférence présentée au Groupe d'aide, le 7 février 1986, 13 pages.

SAVOIE, Dominique, «Le Harcèlement sexuel au travail et les femmes québécoises», thèse de Maîtrise (Relations Industrielles), Université de Montréal, 1984, 524 pages.

JURISPRUDENCE

Cherie Bell and Anna Korczak c. Ernest Ladas and The Flaming Steer Steak House, 1980, CHRR, décision 32, p. D-155. Tribunal ontarien des droits de la personne, M. le commissaire Shime.

Foisy c. Bell Canada, Montréal, C.S. 500-05-013076-805, Mme la juge Louise Mailhot, 21 juin 1984.

Halkett c. Ascogifex Inc, Montréal, C.S. 500-05-008 308-841, M. le juge Louis de Blois, 1er octobre 1986.

Robichaud c. sa Majesté la Reine représentée par le Conseil du trésor, 6 mai et 29 juillet 1987, C.S.C.

TABLE DES MATIÈRES